失敗のしようがない
華僑の
起業ノート

Notes on Entrepreneur by Overseas Chinese

大城 太
Dai Ohshiro

日本実業出版社

はじめに

本書を手にしてくださった皆さん、「起業」という“敗者復活戦”への意気込みは、いかほどでしょうか？
少なくとも敗者のままで終わりたくない、という気持ちはお持ちですよね？

「ん？」「むむっ」と敏感に反応された方は、「敗者」の２文字に感情が動いたのではないでしょうか？　いきなり敗者と言われれば、ムッとするのは当然です。

今、感情が動いたと書きましたが、私がわざと動かしたのです。失礼は承知の上ですので、どうかご容赦ください。
人間ですから感情があるのは当たり前ですが、油断は禁物です。誰かの言葉やしぐさに感情が動いた瞬間、感情をコントロールしなければ相手の意図を読み取る余裕がなくなります。
自分をコントロールしない＝相手に主導権を握られる、です。逆に自分をコントロールして相手の感情を揺さぶることができれば、自分が主導権を握れるわけです。
これは、本書で明かしていく「華僑流成功術」の基本中の基本。ですが、古くは7000年前に誕生した古典もビジネスに活かしている華僑にとっては、“小手先”のテクニックにすぎません。
本書にて、心理学よりもずっと奥の深い華僑流の魅力と効果を知っていただき、ビジネスに活用していただければ幸いです。

私は、大城 太（おおしろ だい）といいます。

30代の初めにサラリーマンをやめて起業し、現在は医療機器販売会社や医療機器メーカーなどグループ５社のオーナーをしています。

なぜ私が華僑について語れるのかというと、起業するにあたり、ある華僑の富豪に弟子入りをして、華僑流のビジネス、華僑流のお金儲けを学んだからです。

「華僑に弟子入り」と一言で片づければいかにも簡単そうですが、華僑の門は固く閉ざされていました。日本人である私は文字通り門前払い。それでもしつこく門を叩き続け、２年後にようやく入れてもらうことができたのです。そうして私は日本人で唯一の弟子となりました。

私が師事した華僑は、華僑社会では知らない者はいないという超大物で、日本にいる華僑のボス的存在です。

華僑に限らないことですが、大物であればあるほど表立ってアピールすることを嫌います。私の師匠も同様ですので、本書では「ボス」と呼ぶことにします。

本書の内容はすべて、ボスの教えを綴った「起業ノート」から抜粋しました。そんな本書のいちばんのメリットは、通常日本人には明かされることのない大物華僑直伝の成功術を、弟子入りなしで（笑）、学べることです。

また、これまではクローズドセミナーのみでお教えしていた「トライアングル経営」など、ボスの教えから導き出した「失敗のしようがない」起業メソッドも図解つきで詳しく解説しています。私の実践経験に基づいた「アルバイトと２人で、起業１年で年商１億円達成」も、再現性のある５ステップとして紹介しています。

これらを実践すれば、本当に「失敗のしようがない」という、かなりお得な内容となっています。

本書を読んだ後、あるいは読みながら、ぜひやっていただきたいことがあります。「常識のリセット」です。これまでの常識・思い込みを疑ってみて、あなたの成功を邪魔する間違った常識や、新たなチャレンジへの勇気をくじく固定観念を捨てていただきたいのです。

華僑の考え方や物事のとらえ方を友人などに教えると、10人中10人が「華僑は逆張りの発想で上手くやってるんだね」といった感想を述べるので、私は「いや違うって。日本人のほうが逆なんだって」と、つい熱弁をふるうことになります。

「普通に考えてみてよ」と。

外からの情報が入ってきにくい島国で、生まれた土地に土着するのが一般的な農耕民族・日本人と、海外へ出て同胞のネットワークを駆使し、世界を股にかけてお金儲けをする商業民族・華僑。どちらを基準に逆だと言うのか。

もちろん、どちらが正しい・正しくないの議論は無意味です。私が言いたいのは、自分を基準にすることのリスクに気づかないでいると損をするよ、ということです。

埋め込まれた常識や固定観念から自由になり、事実や現象をしっかり見るためにも、冒頭で述べたように感情を入れずに自分をコントロールする訓練が必要になってくるのです。

日本人はユダヤより華僑から学ぶべし

「華僑に弟子入り」の話をすると、必ず訊かれます。

「なぜ華僑なのか？」

答えは単純。「お金儲けが上手いから」です。

そこでさらに質問が出てきます。

「なぜユダヤではなく華僑なのか？」

これも単純。「自分と同じ東洋人だから」です。

２つめの質問には、「華僑よりユダヤのほうが格上ではないか」というメッセージが隠されています。

華僑もユダヤもお金持ちの代名詞となっているほど商売が上手なことで知られます。世界経済においてどちらが有利かと言えば、断然ユダヤでしょう。

なぜなら、ユダヤは白人だからです。

ユダヤについては、迫害の歴史を抜きに語ることはできません。それでもなお強いのは、白人のメリットを享受できるからだと私は考えます。

海外へ出たことのある人ならわかると思いますが、白人の強さは圧倒的です。私の親戚は半分くらいアメリカに住んでいますが、彼らはエリートであるにもかかわらず差別され、白人と対等につき合うことなどできないと言います。

白人ではない私が、白人であるユダヤの教えを受けて真似をしたところで、同じ結果は得られないのです。

だから華僑なのです。

華僑がすごいのは、白人のメリットを享受できないにもかかわらず、グローバルに成功をおさめていることです。アジア、アフリカの大手企業のオーナー、またアメリカのロビイストに占める華僑の数を見れば一目瞭然です。

つまり、華僑の成功術を身につければ、我々日本人も不利な条件を乗り越えて世界で勝負できる可能性が高まるのです。

華僑と中国人の違い—華僑はトラブルを起こさない

東洋人の中で抜群の商才を誇る華僑。その成功の秘訣のひとつは、中国人の権謀術数を駆使した駆け引きの上手さです。では中国人と華僑は同じなのかと言えば、違います。

中国人は「攻め」、華僑は「守り」なのです。

中国人の９割を占める漢民族はとても頭の回転が早く、日本人が一手先を考えている間に十手先まで読んでいたりします。
　しかし漢民族は攻撃的な性質ゆえに人間関係のトラブルを起こしやすく、また自分たちは優秀な民族であるという自負があるため、海外へ出ても周囲に合わせようなどとは考えません。

　華僑もその多くが漢民族ですので攻撃的な性質は持っていますが、現地に根づいて商売をする華僑にとって、現地の人々とのトラブルは命取りです。
　お金儲けをするという目的を達することが最優先ですから、常に細心の注意を払い、自分から攻撃しないのはもちろんのこと、相手からも攻撃されないように「守り」に徹しています。攻撃されれば戦わなければならず、戦いに勝利しても目的を達することができなければ損だとわかっているからです。
　表面的な勝ち負けよりも自分の利を取る華僑は、ビジネスにおいて中国人よりも一枚上手と言えるでしょう。

アメリカ流を鵜呑みにしてはいけない

　華僑と日本人の共通点に戻りますが、似ているのは見た目だけではありません。東洋思想がベースとなっているため、日本人にとって華僑の教えは理解しやすいのです。

　ここで初めて、ボスの言葉を紹介します。
「東洋は倫理の社会、西洋は法の社会です。東洋思想ではルールよりも人間を重んじるわけ。なんでもルールでしばるのは日本人にも中国人にも合わない。なのに日本も中国もアメリカ偏重になってるから、おかしなことが起こるのは当然です」

少し補足します。法の社会を代表するのはアメリカですが、アメリカは移民で構成されている多民族国家ですから、多種多様な価値観をまとめるためにルールが必要なのです。科学的な根拠やデータを重視するのも、多民族国家ゆえです。

そんなアメリカ流のやり方をそのまま日本へ持ってくれば、人間同士の話し合いであえて白黒つけずにうまくやってきた東洋の文化の良さを壊してしまいます。

アメリカ流のロジックやノウハウを取り入れるのはよいですが、ベースが違うという認識を持って、自分たちに合うようにアレンジする必要はあるでしょう。

マーケティングやマネジメントなどもそうです。なぜか日本人の多くは、アメリカで流行っていると聞けば疑うことなく鵜呑みにします。生活や人間関係は東洋思想をベースにしながら、ビジネスとなると突然アメリカの理論を使おうとする。しっかり勉強して検証した上で、いいとこ取りをするなら問題ありませんが、鵜呑みにするのはどうでしょうか。

これも普通に考えてみてよ、ということになりますが、アメリカのビジネス論を日本へ持ち込むのは、大企業がアメリカの現地法人へ派遣している日本人、つまりエリートなのです。エリートが認めている素晴らしいビジネス論だということで書籍になることも多いですが、誰にでも使えるものではありません。
　彼らがビジネスをする相手は大企業です。起業したてのベンチャーには当てはまらないと考えるほうが、まともではないかと私は思うのです。

　そのあたりも華僑に学ぶべきで、世界のいろいろな国でビジネスをする華僑は、アメリカ流のロジックやノウハウもその国の文化や自分の事業規模などにあてはめ、しっかりテストをした上でアレンジして使いこなしています。

起業は敗者復活の唯一の道

　さて、そろそろ本編に入っていきますが、あと少し、冒頭で述べた「敗者復活」について書かせていただきます。あれは感情を動かすためだけに書いたのではありません。
　私も含め、起業で成り上がるしかない人は、ある側面から見れば敗者なのです。
　起業したいあなた、起業に興味を持っているあなたは、現時点で「人生勝った」と思っていますか？　もし思っているなら起業する必要などないのでは……？

「人生勝った」と言う人は、子どもの頃から競争に勝ち抜き、高学歴を手に入れて大企業に就職し（もしくは国家公務員になり）、出世も約束されている人です。10代のうちにもう勝負はついているのですね。

私は自分の意思でスポーツの道を選びましたので、後悔はしていません。ただ社会の仕組みはわかっていなかったなと思います。私にはベンツのＳＬに乗るという夢があったのですが、社会を知るにつれ、サラリーマンではどう頑張っても無理だと気づいたのです。

だからこそ、大学生の頃にはすでに「今から逆転するには社長になるしかない」と考えていました。

とはいえ、いきなり社長になれるわけもなく、そこそこの規模の会社に就職し、そこそこ頑張りましたが、やはりそこそこどまり。頑張りだけで上れる限界を、身をもって知ることとなりました。

ビジネスオーナーになれば限界はありません。少なくともお金の面では上場企業のサラリーマンを抜くことが可能です。彼らの平均生涯賃金くらいは、10年もあれば稼げます。

さらに社長は経費を使えますし、合法的な節税策を駆使すれば控除対象の取り分も増えます。また国が用意してくれている補助金や助成金も知れば知るほど得です。

経営者はかなりお得だ、というのが私の実感です。

いくらでも敗者復活が可能な起業家の世界は「体育会系」です。「体育会系」と聞けば、先輩からの理不尽な命令や暴力などをイメージして毛嫌いする方もいらっしゃるかもしれませんが、頑張って実力をつけた人が上に行けるのが「体育会」です。

高校野球を見てもわかるように、１年生でも３年生を追い越して試合に出ることが可能なのです。

上下関係が絶対なのは軍隊です。軍隊は学歴社会ですから、たとえば高卒で自衛隊に入った人がいくら一生懸命に頑張っても、防衛大学出身のエリートを抜いて出世することは難しいでしょう。

私たち起業家は、実力勝負の「体育会系」だから面白いのですね。

ただ、頑張った人が上に行けると言っても競争は熾烈ですので、周りと同じことをしていては大きな成功は望めません。

だからこそ、皆が知らない・やっていない華僑流を取り入れて、スピーディーかつスケールの大きい成功を目指していきましょう！

大城　太

失敗のしようがない　華僑の起業ノート ● 目次

第2章 起業1年で結果を出す「華僑流ビジネス」のスタートアップ

■華僑流ビジネスの組織作り

第3章 最強の合理思考で「人」の悩みをシンプル化する

第4章 折れない心を養う 華僑流「社長論」

■社長の仕事

■社長の心得

■社長のお金

人間心理をグサリの思考法で お客とお金を引き寄せる

第6章 華僑流の人脈術＆交際術で ひとつ上のステージへ

装丁／重原隆
企画・編集協力／Mediaport
本文組版／一企画

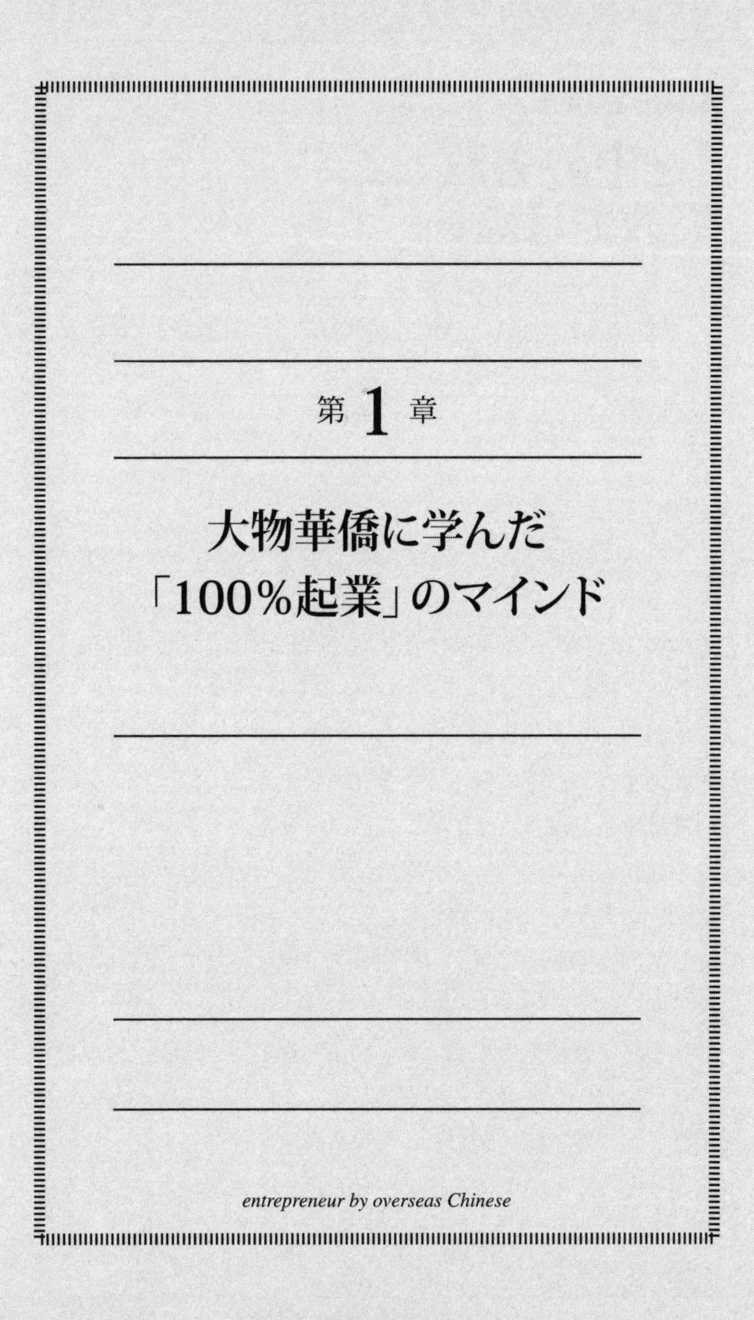

第1章

大物華僑に学んだ「100%起業」のマインド

entrepreneur by overseas Chinese

■失敗はあり得ない…１

「途中の失敗」は失敗ではない

「華僑には失敗という概念はないんです。最終的には必ず成功するんだから。途中どんなにしょうもないことをやっても、誰も失敗とは思わない」

「最終的には必ず成功」

これは華僑にとって、成功は夢や希望などではなく“使命”であるということです。彼らは成功した際に、その証として本国に親のための豪邸を建てます。それがかなうまで本国の土を踏むことはありません。

中国語の「衣錦還郷」は、日本で言う「故郷に錦を飾る」と同義ですが、言葉の重さはかなり違います。

成功するのが当たり前で、失敗は許せない・許されない。だから成功に至る過程での失敗は、自分も周囲も失敗とはみなさない。華僑や中国人は命よりも何よりも面子（メンツ）を大事にしていますから、メンツを失わなければ何度でも再起可能なのです。

私も起業後に大きなミスを２回やらかし、一時はキャッシュゼロ状態という危機的状況に陥りましたが、文字通りゼロからの再出発で建て直しました。だから失敗ではありません。使命をまっとうする過程でのちょっとしたミス、ということです。

“経験”を持っている失敗した人こそ「英雄」

「ある社長が会社を潰してしまった。その社長はどうなりますか？　日本では信用を失って誰も相手にしてくれないね。ところが中国では失敗した人は英雄なんです」

「失敗は成功のもと」など、失敗を肯定する言葉はたくさんありますが、自ら進んで失敗しようという人は稀でしょう。それに、そもそも自分では経験しようのない種類の失敗もあります。

社長ではない人が、社長の立場で会社の倒産や廃業を経験することはできません。

だからこそ、実際に倒産や廃業を経験した社長は英雄だというのが、中国人のごく一般的な考え方なのです。めったに得られない情報やノウハウを持っている、「知」のレベルが高い人であり、素晴らしい師であるということです。

さらに、倒産社長がもう一度事業を起こそうとすると、一緒にやりたいという人材が大勢集まってきます。倒産社長は“失敗の仕方”を知っているのだから、知らない人よりも成功の確率が高いというわけです。

要するに、華僑や中国人は非常に合理的なのです。

日本では失敗＝アウトという感覚ですが、これはまさに感覚的・感情的で合理的思考とは真逆。さてどちらが得か、ですね。

■失敗はあり得ない…3

「遠回りしておめでとう!」

メンツ主義の華僑は自分のミスを認めませんが、他人のミスにも寛容です。私のボスに至っては、私が失敗するとわかっていて失敗させてくれ、後で責めるでもなく指導してくれるという懐の深さ。ありがたい限りです。

ところが未熟者の私は、無駄な遠回りをさせられているとしか思わず、失敗しないやり方、つまり近道を教えてくれよ、と内心イラつくこともありました。

いずれは自分の会社を作り、憧れのベンツに乗り……と、成功した自分を思い描いては、近道はないか近道はないかと、楽に早くたどり着く方法を探していたのです。しかし現実は何をやっても遠回りばかりでした。

そんなある時、ボスに「僕はなんで遠回りばかりしてしまうんですかね」と愚痴ってみたら、

「遠回りおおいに結構。遠回りしておめでとう！」

と祝福されたのです。

この意味も後でわかったのですが、ボスのもとで遠回りの道を行き尽くしたおかげで、起業する時には近道しか残っていなかったのです。

ボスは私のためを思って、わざと遠回りをさせてくれていた……。ボスの導きのありがたみを悟った時の感動、感謝は一生忘れません。

■失敗はあり得ない…４

起業の「条件」は一生揃わない

「うまくいく条件が揃うのを待っていたら誰かに先を越される。ある意味、条件なんて一生揃わないんだから」

日本が大好きなボスはいつも心配しています。日本人の慎重さや丁寧さは素晴らしいけれどもグローバル時代には合わない、取り残されてしまうと。

日本人が90％の完成度や成功率を求めるのに対し、30％の可能性に賭けるのが華僑であり中国人。日本で一般的に推奨される「準備８割・本番２割」も、華僑流では「準備２割・本番８割」とおそらく逆の割合になるでしょう。

この違いはチャンスをつかむスピードの差になって現れてきます。ちなみに私の場合は、いろいろな課題を抱えながらも中国の工場との関係作りにいち早く着手したおかげで、ライバル大手の参入をブロックすることができました。

今の世の中、完璧を追求するよりも先発のスピードで制するほうが、はるかに勝率は上がります。

念のために申しますが、何も考えずに動き出せということではありません。動きながら準備を進める、走りながら修正していく、同時にやるのが正解なのです。

■失敗はあり得ない…5

「修正」の必要が出てきた＝自分が成長した証

「走りながら修正するのは当たり前です。会社の経営も人生も同じ。昨日より今日のほうが経験値が上がってるんだから。修正の必要を感じないとしたら、自分が何も成長していない証拠」

日本人で「修正」という言葉を前向きに受け止める人は少ないのではないでしょうか。華僑流は実践と修正がセットですが、日本人は事前にしっかり計画を立てるがゆえに、動き出してからの修正は計画のミスだと考えるのですね。

修正は決してマイナスではありません。思い通りにいかないということは、自分の経験が足りない、視野が狭いということです。

脱サラ起業家の毎日は修正の連続ですが、経営経験のない人が経営しようとするのですから当然ですし、最初は修正の必要性さえわかりません。

それがわかるようになるということは、経験値が上がり、視野が広がったということです。

修正が必要になった＝経営者として成長した証なのです。

■目標を定める…１

人間共通の目標は「富」と「貴」

「2500年前から孔子さんが言ってます。“富與貴、是人之所欲也”。古今東西、人間が目指す共通のところは富と貴、お金と地位ね。誰でも貧しい、賤（いや）しいことは嫌いなんです。華僑の成功法を訊かれて細かいことはいくらでも言えるけど、究極的にはこれしかない。だからややこしいことは考えなくていい。キレイな言葉はいらないんです」

お金が欲しいとハッキリ言わないのが日本の文化ですが、起業するなら「富」と「貴」への欲を認め、受け入れるべきです。お金儲けをして社会にお金を回さなければ商人の価値はないのです。

ではお金が儲かれば何をやってもいいのかと言えば、そうではありません。

“富與貴、是人之所欲也”（お金と地位は人が欲しがるものだ）は論語の一節で、こう続きます。“不以其道得之、不處也”。「それにふさわしい方法で得たのでなければ、受け入れてはならない」というような意味です。

これについても華僑の原則は、「親族に恥をかかせるような商売はしない」と、実にシンプルです。人間の基本を無視しないことですね。

■目標を定める…２

まずは「やりたいこと」より「お金になること」

「他の国へ来た華僑がまずやるのは３Ｋ（きつい、きたない、きけん）の仕事です。アルバイトで皿洗いやら荷物運びやら深夜の清掃やら、要するに時給の高い仕事をするわけ。それでお金を作って自分のビジネスを始める。それも最初は“儲かる”ビジネスをやるのが基本です。やりたいビジネスをやるのは儲けてからの話ですね」

ビジネスには、儲かるビジネスと儲からないビジネスがあります。儲かるビジネスとは粗利額が大きいビジネス。私が医療機器販売で起業したのは、粗利額が大きくリピートも見込めるからです。

逆に最も儲からないのは、低粗利でリピートがないビジネスです。

いくら能力の高い人でも儲からないビジネスを選べば儲かりませんので、起業する時に商売の選択を間違えてはいけないのです。

商人の使命はお金を作って回すことです。儲からないけどやりたいなら、趣味で止めておくべきですね。

■目標を定める…３

「知識＝お金、利益」そのもの

どんなビジネスで起業しようかと迷っている方には、「知らないことはやるな」というボスの教えを贈ります。

知識がない＝付加価値がない、つまり高く売ることができないからです。

売上から原価を引いた粗利益は、知識による付加価値です。付加価値をプラスすることができなければ原価で売るしかありません。

また知識があれば、何度も足を運んで説明する必要がなく、商談の回数が少なくて済みます。人件費などの経費も減らせますので、儲けが大きくなるわけです。

せっかく会社を辞めて起業するのだから、新しいことにチャレンジしたいという方もいらっしゃると思いますが、「知識＝お金」だと考えれば、未経験のビジネスに安易に手を出す気にはならないはずです。

〈粗利益＝付加価値〉

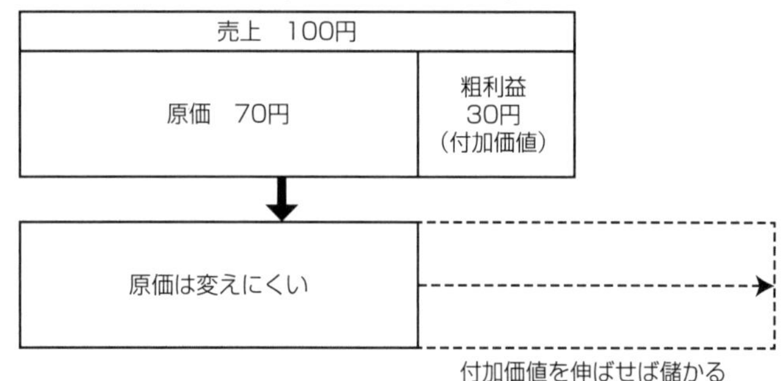

■目標を定める…4

「貧乏＝ハングリー」ではない 成功したい気持ちが ハングリー精神

「華僑の原動力は、第一にハングリー精神ね。でも貧乏だからハングリーじゃない。成功したい気持ちがあるからハングリー。今の日本人は貧乏じゃないからハングリー精神がないというのは、言い訳なんですよ」

華僑や中国人は貧乏でも金持ちでも全員がハングリー。とくに華僑にとってお金は自分の能力の証ですから、そこそこの成功では納得しません。ボスのような超大物でも「明日は今日より良くしたい」というハングリー精神を持ち続けています。

実は私は、達成の満足感に浸った記憶があまりありません。たとえばベンツ。学生時代から成功の象徴として憧れていたベンツに乗れるようになった時も、思っていたほど盛り上がりませんでした。嬉しいことは嬉しい。でも、あれ？　こんなものかと。

そんな自分に一種の寂しさを感じたこともありましたが、華僑に言わせれば、「ベンツなんて単なる目印でしょ」。

華僑が高級車に乗るのは、自分の能力を人に示し、今より大きなビジネスをするため。ベンツを手に入れて喜んでいるようでは、まだまだということですね。

■目標を定める…5

いくら儲けたいか
＝自分の人生にいくら必要か

「どれだけ優秀な人でも目標がなければ成功はありえない。頑張る意味がないんだから。華僑は少なくとも自分だけじゃなく家族も良くする。最低限の目標ハッキリしてるわけ。それ以上は人によって多少違うけど、自分が欲しいお金の目標は明らかなんです」

私の場合は起業することが最低限の目標で、結果的に親への恩返しもできました。結果オーライですね。

問題は、これから先の目標。

華僑は自分がやりたいこと、子どもの教育、親の介護、夫婦の老後の生活など、もれなく具体的に考えて今後の人生に必要な金額を算出します。だから金額の目標もその根拠も明確なのです。

このあたり、日本人は“なんとなく”考えている人が多いようです。「10億円欲しい」と言う人の人生設計を聞いてみると、３億円で十分だったりします。夢を語るのもよいですが、必要性がなければ人間は頑張れないものです。

前項のハングリー精神も、自分がかなえたい人生のためのリアルな目標があってこそです。ベンツなどの物欲は人生の目標へ向かう途中の小さなゴールの役割なのです。

イメージできないことは永遠に実現しない

「私は日本に来て３年半で初めて帰郷しました。二百数十kgの土産を買って、さらに中国の免税店で家電やらバイクやら時計やら、家族全員の分を買ってあげた。なぜ３年半でそれができたかというと、第一の目標で親兄弟にこうするとイメージしていたからできた。一所懸命に働いて、自分のことはケチケチで金持ちになったんです」

親兄弟へのプレゼントが第一の目標だったと言うボスは華僑の鑑（かがみ）です。私の場合、自分事ではありますが、こうなりたいというイメージは非常に明確でした。

私が起業前にイメージしていたのは、ベンツのＳＬに乗ってスリーピースのスーツを着て、ヴィトンのダレスバッグを持ち、携帯電話で忙しく話している自分の姿です。それを実現するためのお金が欲しい、だから１年間で結果を出すことができたのです。

ボスの教えと自分の経験からわかったことは、現実と理想のギャップを埋めるのが仕事で、イメージできないことは永遠に実現しないということ。

今は私個人より会社優先ですが、明確にイメージしたことはすべて実現しています。まずは自分事でも構わないので、できるだけ具体的にイメージしてみてください。

■目標を定める…７

憧れの自分をイメージして自分で自分を「はめる」

起業してお金を儲けてどうしたいか、どうなりたいか。細部までイメージすればするほど「その気」になります。起業に限らず何事かを成しとげるには「やる気」よりも「その気」になるのがベターです。

「やる気」は自分の意思力が頼りですが、「その気」は一種の洗脳。ボスの言葉を借りると、「自分で自分をはめる」です。

「言い方悪いですけど、子どもは親にはめられてるんです。勉強当たり前になるように、いい方向に行くように全部親が考えてはめてくれて、知らんうちにできていた。でも、大人は自分で自分をはめないといかんですよ」

そこで私は、起業もベンツも「自分とのアポイント」として手帳に書きました。自分とのアポのポイントは、楽しみなアポにすることです。

皆さん、ToDoやスケジュールは好きですか？　たぶん嫌いでしょう。ToDoやスケジュールには「やらねばならない」しんどさが伴います。

では皆が好きなのは？　イベントですね。イベントとして楽しいネーミングをつければ、面倒くさいことやしんどいことにも積極的に取り組めますし、後で振り返った時に良い思い出になります。

憧れの自分像をイメージし、プラス自分へのアポを入れれば、楽しく自分をはめることができるのです。

■「内」を固める…１

家をまとめられない者が国をまとめられるわけがない

「大城さんは物事を見る視点が欠けてます。私にビジネスを教えてほしいと言うけど、家族のことをちゃんとできない人がビジネスだけできる、それはあり得ない」

ボスが私の弟子入りを２年間断り続けた理由です。当時私は知りませんでしたが、中国では身近な人、とくに家族を大事にしない人は信用されないのです。実際はどうであれ、外では家族想いを演じなければビジネスはうまくいきません。

それなのに私はまったく逆のアピールをしてしまいました。会社を辞めて退路を断つ、ボスの事務所に寝泊まりして24時間働く、給料もいらない。それらすべてが逆効果。ボスから見れば、家庭を顧みない自分勝手な無責任野郎です、と告白されたようなものだったのです。

「修身・斉家・治国・平天下、すべて同じ。自分を修身して家をまとめられない人が国をまとめられるわけがない、会社をまとめられるわけもない」

本当にその通りで、起業家はとくに家族の理解がなければ大きなチャレンジはできません。今日の家庭の平和と会社の成長があるのは、ボスの矯正のおかげです。

— The boss's wise remark —

社長が語るべきは「ロマン」。理解されないくらいでいい

ナンバー１とナンバー２、たとえば社長と副社長、
少ししか違わないようでまったく違います。
ナンバー２は番頭さんの役割だから
理屈がないと困りますけど
ナンバー１はロマン的で、わけわからない
くらいがいいんです。
社長の言うことがぜんぶスジ通ってて、
誰が見ても成功することしか言わない、
そんな会社はなかなか勝てません。
他の人たちがついていけないから、あなたが社長になる。
だから周りがわかってくれないと悩む必要は
まったくないんです。

■「内」を固める…2

「後院失火」を防ぐことを第一に考えるべし

家族・家庭に関する一番の教えが「後院失火」です。直訳すると、「裏庭が火事」。後ろが火事だったら前の敵と戦えない、家の中が火事だったら家の外の敵と戦えない、といった意味です。

現代風に解釈すれば、家庭内に問題があればビジネスに集中することができないし、安心して休むこともできない。だから家庭をおろそかにしないように、ということですね。

ではどうすれば「後院失火」を防げるのでしょうか。ビジネスの時間を削って家庭に回す？　ワークライフバランスを優先する？

それは安直です。現在の私は月の半分以上、出張で家を空けていますし、週末家にいても基本的に家族とは別行動です。買物につき合ったり一緒に遊びに行ったりなどは一切しませんが、家族からの不平・不満は出てきません。

そんな私を見て既婚の友人は「妻子持ちなのに、それだけ好き勝手して家庭が回るなんて信じられない」と羨ましがりますが、普段から家庭のリーダーとしてやるべきことをやっているから自由にできる、それだけのことなのです。

重要なのは配偶者との協力関係ができているかどうか。私は常に「点」と「線」を考えています。

点を打つのは私、点から点への線をつなげるのは妻です。子どもがいる家庭では子ども中心の生活になりますが、子どもの教育や習慣づけなどは「点」、それを日々実行するのは「線」です。

たとえば、どこの学校に進学するべきか、その学校に行くならどの時期にどのくらいの成績を取っている必要があるか、などを考えるのは「点」ですので、私の役目です。

そして日常の自宅学習のチェックやフォローは「線」なので、妻に任せています。もちろん夫婦だけで決めるのではなく、子ども本人の話を聞き、どこに点を打てば子どもにとって良い将来に結びつくかを考えています。

この「点」がしっかりと打たれていないと、線が歪んだり、間違った方向に引かれたりしてしまいます。

これは会社もまったく同じで、社長が毎日出勤して指示をしたり見張ったりする必要はありません。社長がしっかり点を打ち、パートナーがしっかり線を引くという協力関係ができていれば「後院失火」は防げるのです。

■「内」を固める…３

「良師益友」は絶対条件

異郷で暮らす華僑にとって一番大事なのは気を許せる家族。次に大事なのが自分のためになる師や友人です。

「良い先生、良い友だちに恵まれなければ成功はほとんどないです。だから絶対条件は“良師益友”。もちろん先生はひとりじゃないかもしれません。素晴らしい先生に出会えたら一番いいけど、ある意味誰でも先生になる。誰でも先生として学ぶところがあるんです」

私が幼い頃、母親は毎日私に「教えて教えて」と言っていました。今日あったことや学校で習ったことを教えてと言うのです。それで私は得意になっていろいろ教えていたのですが、ボスの言葉を聞き、母のすごさに気づきました。自分の子どもから教えてもらうなど、普通は考えもしないでしょう。

母は商人ではありませんが、商人である私はなおさらいろいろな世界観に触れる必要があります。

子どもは大人をどう見ているのか、女性は男性をどう見ているのか。自分の知らない世界を教えてくれる師は、身近にたくさんいるのです。

身近な人を師として学ぶという謙虚さを忘れると独り善がりになり、結局は運任せになってしまいます。

「自分の運だけでは成功しない」

ボスの教えにはその意味も含まれているのだと思います。

— The boss's wise remark —

お金あれば お金取る
経験あれば経験取る
お金も経験もなければ友だちになる

どんなにしょうもなく見える人でも
何か持っているはずなんです。
たとえばお金を出してもらおうと思って近づいた人が
お金持ってなかったら、その人いらない、ではない。
お金がなければその人の経験を取ればいい。
お金も経験も持ってなかったら、友だちになればいい。
いずれ何かのタイミングで、その人が
役に立つことがあるんです。

■華僑の成功法則…１

「与えられた条件」を 上手く使えば、 いくらでも良くできる

「自分の今の条件を使わない人は成功しません。隣と比べて条件が悪いとかね。条件を問題にする人には、その前に自分の条件、本当に有効に使ってますかと言いたい。いくら良い条件でも使い方を誤れば悪くなる、悪い条件でも上手く使えばいくらでも良くできるんです」

ボスの事務所で一時期、私と机を並べていた中国人がいます。先日久しぶりに会って話をすると、日本で起業して儲かっているとのこと。驚きました。

というのは、当時の彼は何者でもなかったからです。取り柄もなく友だちも少なかった彼は、ボスに頼んで肉体労働の仕事に就いたものの仕事がつらい辞めたいと愚痴ばかり。しかしボスは「３年続けてプロになれ。３年が長いと思うならスピードを上げて２年に短縮しろ」と、辞めることは許しませんでした。

そして彼は、本当に２年に短縮して独立したのです。

独立してからも懸命に働き、設備投資をし、従業員を雇い、自分は経営者として新たなビジネスに投資。今では飲食業や旅行業も手がけていますが、すべて人を使って儲けています。

自分の体と頭しかないという最低の条件をちゃんと使ったからこそ、今の成功があるのですね。

「他人のリソース（資産・資源）を使わせてもらう」というのも華僑ビジネスの成功法則のひとつですが、自分の持っているリソースを有効に使うことが先決。華僑は皆そこから出発してひとつの仕事を極め成果を出すからこそ、人と組んでも上手くいくのだろうと思います。

■華僑の成功法則…２

貧乏な時こそ人に使ってもらう

経営資源は「ヒト・モノ・カネ・情報」ですが、最初は「自分」という資源しかありません。

自分という資源をいかに有効に使うか。そこで華僑にあって日本人にはないのが「人に使ってもらう」という発想です。

「貧乏な時こそ、なるべく人のためにする。できるだけ人に使ってもらう。自分を人に使わせるのはもったいないという人は成功しません。使われないで自分の価値、どうやって人に示すんですか？」

まさに「使われてなんぼ」。私を使って得をした人はまた私を使ってくれますし、次に使う時は高値で使ってくれるのです。

ボスの言う「貧乏な時」とは金銭面の話ではありません。そこそこ成功しても、もっと上に行きたいなら、自分よりレベルの高い人に使ってもらう。使ってもらえなければ、自分のレベルがまだまだ、だということ。相手を得させるレベルには至っていないということです。

これはサラリーマンも同様です。レベルの高い人に使ってもらえるかどうかで自分のレベルがわかりますね。そして、人に使われるのが嫌だという気持ちの強い人は、起業してもチャンスをつかめず苦労するかもしれません。

■華僑の成功法則…3

貧乏な時こそ外へ出る

「もうひとつ、華僑と日本人の違いね。華僑は貧乏な時はなるべく外へ出てチャンスを取る機会を増やす。金のある人は外に出ません。ところが日本人は金のない時はじっと家にいて、金あったら外へ行く。それ逆なんです」

在宅でお金を稼げるということで、インターネットビジネスをしている人、これからしたいと考えている人も多いと思いますが、すべて在宅で完結したいという理由でネットを選ぶのであれば儲かりません。

家にあるのは作業だけで、仕事は外にしかない、お金儲けのチャンスは外にしかないのです。

お金を動かすのは人です。ＡＴＭでもネットバンキングでも人が動かさなければお金は動きません。それが世の中の原則ですから、お金が欲しければ自分から外へ出て人と会い、人に使ってもらってお金を頂戴する。当たり前の考え方ですね。

お金持ちになれば、使われたい人が向こうからやってきます。その人を使ってお金儲けをすればよいのですから、自分から出ていく必要はありません。

騙そうとする人も寄ってきますが、外へ出れば騙される率が上がります。これも当たり前のことで、華僑は世の中の原理原則に従い、当たり前のことをやっているだけなのです。

■華僑の成功法則…4

ハイペースをマイペースに

「日本人はお金もったいないと思うけど、時間は惜しまないね。我々の感覚ではお金と時間の価値は同じです。人の３倍のスピードで動いたら、３倍長く生きるも同然。稼ぐお金も３倍。だからなんでも早く早くです」

華僑は実際、何をやるのもハイペースです。ハイペース＝マイペースなのです。疲れずにハイペースを保つポイントは、やることとやらないことを決めて、やらないと決めたことはやらない、それだけです。

簡単なことですが日本人には難しい。

というのは、完璧主義だからという理由だけではありません。私なりの分析になりますが、安定志向の日本人はハイペースになるのを無意識に避けているのです。

ハイペースで仕事を終えれば、次に何をやるか考えなければなりません。ハイペースで目標に到達すれば、次の目標を考えねばなりません。

自分で考えなければならない＝安定感が得られないわけです。だからサラリーマンになる人が多いのですし、ハイペースでやりたいのは社長だけで、従業員の多くは仕事のスピードより丁寧さで評価されたいのです。

日本人の場合、社長が仕組みを作り、組織全体でのスピードアップを図るのが良策ですね。

■華僑の成功法則…５

人がお金を使っている時にお金を稼ぐ

「私は日本に来て驚いた。アルバイトの日給が5000円くらいあるでしょ。それ当時の中国では１カ月分の給料です。その価値知ってるから、もったいなくてお金使えない。人がお金を使っている時に私は働いてお金稼ぐ、人が遊んでいる時に勉強する。あっという間に周りとの差が開いた」

時間だけは、あらゆる人に等しく与えられ、どれほどお金を積んでも買うことはできません。そこで差を生むのがスピードです。ひとつのことへの投下時間を増やすのも、結果的にスピードアップにつながります。華僑はハイペースで長時間仕事に打ち込むため、成功するのも速いのです。

しかし前述したように、日本人はハイペースが苦手な人が多い。であれば、投下時間を増やしてスピードアップするしかありません。長時間労働はしんどいと思うかもしれませんが、「人がお金を使っている時にお金を稼ぐ」と表現すれば、気持ちが変わるはずです。

また最大限に頑張るべきは、起業して基盤ができるまでです。

「華僑はやる時は突撃、短期集中。勝負は最初の２年間です。２年でできなかったらできません」

最初に精一杯スピードを上げておけば、あとは慣性の法則で事業が回り続けるのです。

■華僑の成功法則…6

悪くなれば、自分のせい。良くなれば、あなたのおかげ

「華僑の精神はすべて自分。親孝行も自分のためだからできるんです。できないことはすべて自分のせいです。ただ、できたことは自分ひとりでできたのじゃない。だから、悪くなれば自分のせい、良くなればあなたのおかげ。そう言っておけば何より安全でしょ」

ボスをはじめ、私が知っている華僑に共通するのは、自分が中心の人生を生きていることです。

人のためになることも、奉仕の精神でやっていると本気で思っている人はいません。相手の喜ぶ顔が見たい、自分を認めてもらいたいなど、根本には自分の欲求があると認識しているのです。

また華僑は「自分の力で成しとげた」というアピールをしません。

なぜなら人の協力なしに生きていくことは不可能だからです。どんなに世の中が便利になろうとも、他人がいなければ自分も存在できないという原理原則を忘れていないのです。

上手くいかないことを人のせいにしないのも、上手くいけば「あなたのおかげ」と人を立てるのも、結局は自分のため。「そう言っておけば何より安全」というボスの言葉通り、実はしたたかなのです。

第2章

起業1年で結果を出す「華僑流ビジネス」のスタートアップ

entrepreneur by overseas Chinese

■華僑流ビジネスの組織作り…１

「作業する人」を確保せよ！

「で？　誰にやらせるの？」
「え？　誰にって、やるのは僕ですけど……」

唐突ですが、これは私が自分の起業プランをボスに説明した時のやりとりです。私の熱弁を聴き終わったボスの第一声が、「誰にやらせるの？」だったのです。意表を突かれました。

「あーそれはダメダメ。大城さんまだわかってないですね。大城さんの仕事は考えることなんだから、作業は他の人にやらせないと。とにかく作業する人を探してください。じゃないと絶対上手くいかない。ホントですよ」

「作業する人」とは、華僑流ビジネスに欠かせない三大要素のひとつ。アルバイトで十分なのですが、私は最初から人を雇うことは考えていなかったので、ボスに突っ込まれたのです。もちろんすぐにアルバイトを雇いました。

ボスの言うことを聞いていなければ、現在私が経営する会社のいくつかは存在しなかったかもしれません。

スタートアップ時の少しの違いが後々大きな差を生むということで、まずは「華僑流起業」のメンバーとその役割について詳しくお伝えしたいと思います。

「ビジネスはひとりでやるな!」ボスの教えから生まれた「トライアングル経営」

私のノートには「ビジネスはひとりでやるな」というボスの教えが何度も書き込まれています。

起業初期の頃、私はこの教えの意味がわかっているようで本当にはわかっていませんでした。だからボスに何度も指摘されて、そのたびにメモしたのです。

華僑流ビジネスはプロジェクト制で、プロジェクトごとに人材を集めてチームを作るところから始まります。

誰かが儲かるビジネスプランを考えた。じゃあ誰がお金を出すか、誰が実行するか。「やりたい人この指とまれ」でメンバーが決まり、あっという間にビジネスをスタートさせます。

どんなビジネスでも、ひとりでやることはありません。ひとりでやっているように見えても実は違って、忙しく動き回っているのがひとりというだけです。

彼らのやり方、ボスの教えの正しさと価値を本当に理解したのは、経営者としてある程度経験を積んだ後のことでした。

教えを守れば成功し、守らなければ失敗する。現実の結果がすべてです。

だからこそ二度と忘れないように、華僑のメソッドを図で表すことにしました。それが華僑流・大城式の「トライアングル経営」です。

「アイデアを出す人」
「お金を出す人」
「作業をする人」

華僑流・大城式「トライアングル経営」は、その名の通り上記の３つを三角形の図で表します。下の図はチーム作りの鉄則、それも基本中の基本をシンプルに表したものです。

〈「トライアングル経営」基本の図〉

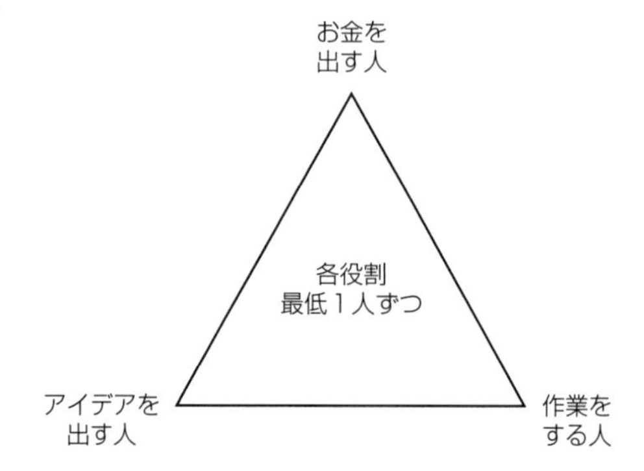

— The boss's wise remark —

「資本」と「知本」を結ぶ

お金がないからできない、と言う人多いけど、
お金、つまり「資本」だけあっても
成功するとは限りません。
「知本」というのは知の貯蓄、知識・智慧の財産です。
これも「知本」だけではどうにもならない。
大事なのは「資本」と「知本」をいかに結ぶか。
結べる人が成功するんです。
お金ない人は「知本」を蓄えて
「資本」を持ってる人と組めば成功です。
そういう意味では誰にでも可能性があるんです。

■華僑流ビジネスの組織作り…３

「アイデア」「お金」「作業」でチームを作る

これらは、すべてビジネスに不可欠な要素です。お金があっても、アイデアつまりビジネスプランがなければお金の使い道がありませんし、アイデアがあってもお金がなければ絵に描いた餅というやつです。そしてアイデアとお金があっても、作業をしなければ何も進みません。

これらをチームの人材として考えると、「アイデアを出す人」「お金を出す人」「作業をする人」となります。

スタートアップ時にそれぞれ最低１人ずつ確保するのが華僑のチーム作りの鉄則なのです。必ず最低３人揃わなければやりません。

華僑流では人数よりも役割が重要なのですが、３人という数にも意味があります。１人は個人、２人は相棒・パートナー、３人で初めて組織・チームになる。

これも図で考えるとイメージしやすいと思います。

１人は点、２人は線、３人は面。広がるのは面だけです。最初に３人揃えることで可能性がぜんぜん違ってくるのですね。

〈点と線と面の違い〉

１人＝点

２人＝線

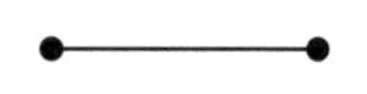

３人＝面

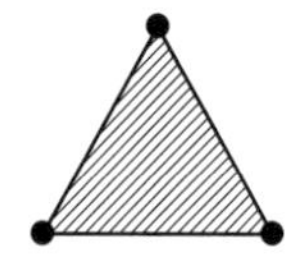

「アイデア」「お金」「作業」の役割分担を徹底する

アイデア、お金、作業。それぞれの役割を担う人材が揃ったら、役割分担を徹底します。自分の役割に徹し、他の役割を兼ねない。これも「トライアングル経営」の鉄則です。

自分がアイデアを出す人であるならば、お金は出さない、作業はしないということですね。

日本では自分が考えたビジネスプランと自己資金で起業し、初期は実務作業も自分でやる、という人が多いですが、華僑に言わせれば間違いなく失敗する最悪のパターンということになってしまいます。

起業後10年以内に90％以上の会社が廃業・倒産すると言われますが、ひとりでなんでもやろうとするところに原因があるのではないでしょうか。

さて、なぜ役割を兼ねてはならないのか。もちろん華僑らしい合理的な理由がありますので、これから順に説明していきましょう。

■華僑流ビジネスの組織作り…5

「お金を出す人」兼「アイデアを出す人」→ビジネスが短命に終わる

お金とアイデア、この２つの役割を１人で兼ねた場合、お金優先かアイデア優先かによって問題の出方は違ってきますが、いずれにしてもビジネスが長く続かないという、残念な結果を招きます。

まず、「お金優先」の場合。

お金を出す＝投資ですからリターンを求めるのは当然ですが、早く利益を出したい人が考えるビジネスプランは短期回収プランになりがちです。

ビジネスは長く続ければ続けるほど儲かりますので、お客さんとの関係を育(はぐく)みながら長期にわたって少しずつ利益を頂戴するのが王道なのです。目の前のお金を取りにいこうとすれば、一度に大金をむしり取るようなやり方になり、後が続かず数年ももちません。

そして、「アイデア優先」の場合は、アイデアを早く形にしたいという気持ちが資金計画を狂わせる恐れがあります。アイデアは無限でも手持ちのお金は有限。今あるお金でいろいろやりくりしなければなりませんが、お金を出すのが自分であれば、冷静な判断は難しくなります。

いくら素晴らしいアイデアでも想定通りにいくことなど稀で、途中の修正が必要になってきます。その時にもうお金がないとなれば、ハイ終了ですね。

ビジネスは“継続”が命。この原則を無視しないために、「お金を出す人」と「アイデアを出す人」は分けなければなりません。そしてお互いに牽制し合いながら、バランスを取ることが重要なのです。

〈お金とアイデアを兼ねてはいけない〉

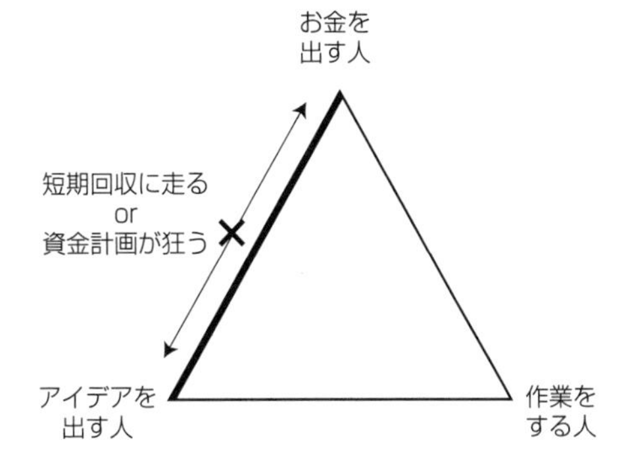

■華僑流ビジネスの組織作り…6

「アイデアを出す人」兼「作業をする人」→ビジネスの成長が遅れる

アイデアを形にするため、実現するためには、なんらかの「作業」をする必要があるわけですが、この２つを同じ人が行うと、アイデアの実現は遠のいてしまいます。

たとえば、顧客との継続的な接触のために週１回ニュースレターを出し続けるというのもアイデアですね。一定の確率で必ず効果が出るからやろうと。しかし、そのレターを自分が書くとなれば、いつまで続くでしょうか。面倒くさくなってそのうち月１回になり、内容も手抜きになり……と、サボった結果、効果が出ず結局やめてしまう。

そもそも、「アイデアを出す人」は考えることが好きだけれど作業は苦手という人が多いのです。私もそうですが、ベンチャー企業の社長はだいたいが「アイデアを出す人」です。社長の仕事は考えることなので理にかなっているのです。社長が作業に手を取られて考える余裕がないような会社は成長がストップし、そのうち傾いていきます。

では、作業が得意な人がアイデアを出すのはどうでしょうか。

作業が得意といっても自分の仕事が増えるのは嫌ですから、無意識にアイデアの効果よりも作業の手間を計算してしまいます。ニュースレターを出すにしても、週1回ではなく最初から月1回発行の案が上がってくるのです。

この2つは「アイデアを出す人」→「作業をする人」の指示系統によってそれぞれの強みを発揮できると言えます。

〈アイデアと作業を兼ねてはいけない〉

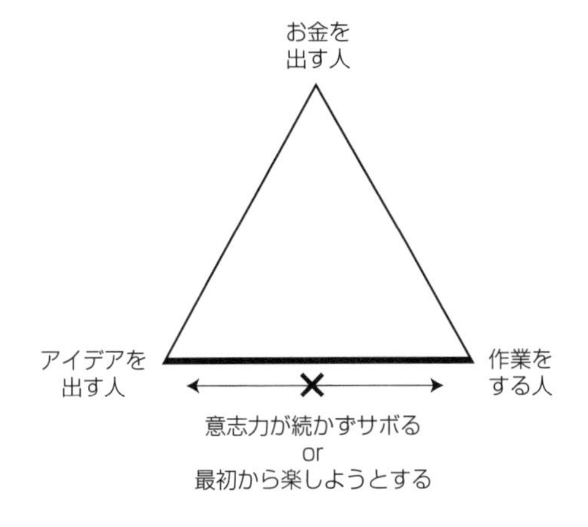

■華僑流ビジネスの組織作り…7

「作業をする人」兼「お金を出す人」→ビジネスが小さくなる

自分でお金を出して、かつ作業もする。これは職人タイプの社長や個人事業主に多いパターンです。

「作業をする人」と「お金を出す人」を兼ねてもやっていけるのは、個人の技術や才能などを売るモデルなのです。ですから当然、スケールの大きなビジネスにはなりません。

事業のお金と個人のお金をごっちゃにして、本来かけるべき経費をケチってしまうのもこのパターンの問題点です。

外注費を惜しんで社長自ら素人丸出しのホームページを作り、集客できないと嘆いているケースなどは非常にわかりやすい例ですね。

反対に、自分のお金だから使い方は自由だ、なんでも経費になるのだと無駄使いをするタイプもいます。

どちらにしても組織に投資するという意識が低いので、事業拡大は望めません。

また「作業」と「お金」を同じ人が兼ねた場合、お金を出しているという優位性で、アイデアよりも作業の立場からの意見を通そうとするなど、「アイデアを出す人」がうまく機能しない恐れも出てきます。

そうなればトライアングル崩壊。元も子もない状態に陥ってしまいます。技術が売りのビジネスであってもスケールを広げたいのであれば、「お金」と「作業」は絶対に分けるべきなのです。

〈作業とお金を兼ねてはいけない〉

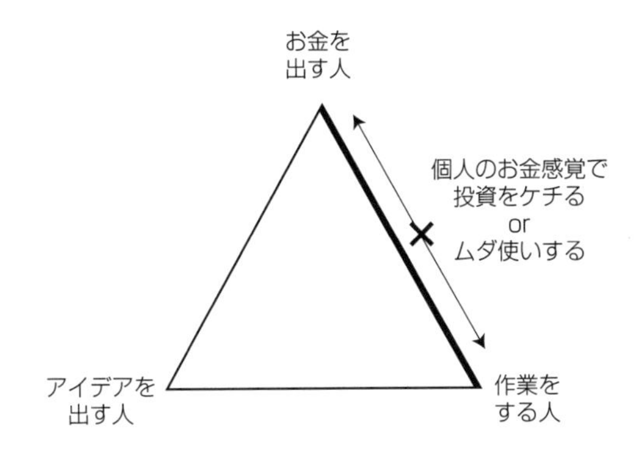

私が起業した時のトライアングル

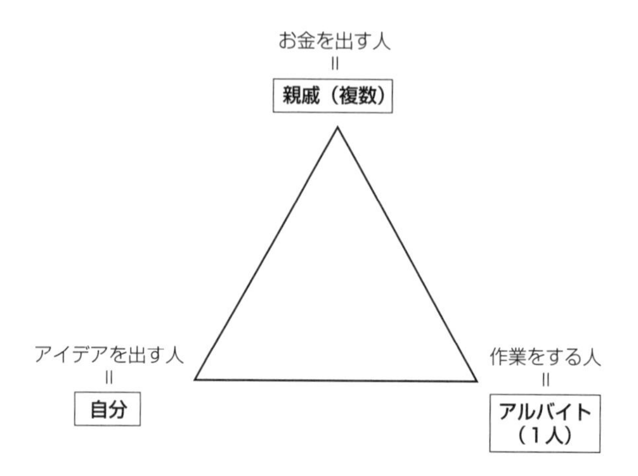

上記は、私が最初に作った医療機器販売会社のスタートアップ時のトライアングルです。

お金に関してはわずかな自己資金を使うつもりでしたが、ボスから「自分のお金は使うな」「生活のお金とビジネスのお金はきっちり分けろ」と言われて変更。親戚全員に集まってもらってプレゼンを行い、少しずつお金を出してもらいました。

「作業をする人」は、ボスの助言により知り合いの若者をアルバイトとして雇用。彼は医療機器に関しては素人だったので最初に集中して教え、飛び込み営業やチラシ配りを任せました。私はクロージングや販促のテストなど、社長としての役割に徹することができました。

「お金を出す人」は どこにでもいる

「お金がない、チャンスがない。日本人は言い訳が多いね。チャンスは絶対誰にでもあるんです」

確かに華僑流ならチャンスは誰にでもあると言えます。自分は「アイデア」「お金」「作業」の３つのうちどれかひとつを提供することができればＯＫ。あとの２つは他から探してくれればよいのですから。

起業家の多くは「アイデア」担当です。そのため読者の皆さんはこう思われるでしょう。

「お金を出す人」はどうやって探せばいいのか？　それが一番の問題だ、と。

実は、ぜんぜん問題ではないのです。「お金を出す人」は「人」といっても特定の個人を指すわけではありません。私は大勢の親戚から少しずつお金を出してもらいました。ごく普通の年収で普通の生活をしている人が大半ですが、みんな無理のない範囲で快く出してくれました。

知り合いが少ないなら銀行に「お金を出す人」になってもらえばよいのです。重要なのは役割を兼ねないことですから。お金に限らず、もし自分が「作業」担当として起業したいのであれば、「アイデア」担当は社外のコンサルタントでもＯＫ。柔軟に考えてみてください。

■華僑流ビジネスの組織作り…９

「アイデア」と「思いつき」は違う

「お金を出したい中国人はいっぱいいますよ。彼らはいいアイデアがあれば日本人のビジネスにも積極的に投資したいと言ってます。でも日本人のアイデアは、失礼ですけどちょっと幼稚ですね」

中国ではお金よりアイデアのほうが貴重で、グッドアイデアには大金が集まってきます。

ただ、残念ながら日本人への投資事例は多くはありません。日本人のアイデアは超合理主義の華僑や中国人にはあまりウケないのです。なぜかと言えば、アイデアと称した「思いつき」であることが多いからです。

「アイデア」と「思いつき」、何が違うかおわかりでしょうか。

アイデアは事実から生まれますが、思いつきは感情から生まれるのです。感情を入れると「こうなったらいいな」という空想を排除することができず、現実にビジネスを動かした時に空想の部分で動かなくなってしまいます。

自分のアイデアが「思いつき」かもしれない、と不安がある場合は、現実に動かせるかどうかを徹底的にシミュレーションすればわかります。また、動かせても儲からなければ意味がありませんので、「作業する人」を確保して、割に合うかどうかの試算をすることも大事です。

― The boss's wise remark ―

作業と仕事。
雑用＝作業、ではない

私いつも言ってます、作業と仕事の違い。
頭を使わないで言われた通りにやるのが作業
考えて知恵を絞ってやるのが仕事、
創造性があって業績に結びつくことが仕事です。
だから単純に雑用＝作業ではないんです。
たとえば、見積り。
マニュアル通りに数字を打ち込むのは作業ですけど、
利益に結びつくように頭使ってやるなら、それは仕事。
雑用をいかに効率よくこなすか考えるのも仕事ですね。

■華僑流ビジネスの組織作り…10

「トライアングル」で考える事業の拡大

華僑流・大城式「トライアングル経営」では、事業拡大もトライアングルで考えます。

スタートアップ時の三角形をそのままぐいっと広げるのではなく、最初の三角形の下に、新たな三角形を付け足し、面積を広げるのがポイントです。

また作業量の増加やメンバーの成長に伴い、最初のトライアングルでの役割を別の役割にシフトします。

〈トライアングル拡大と役割シフト〉

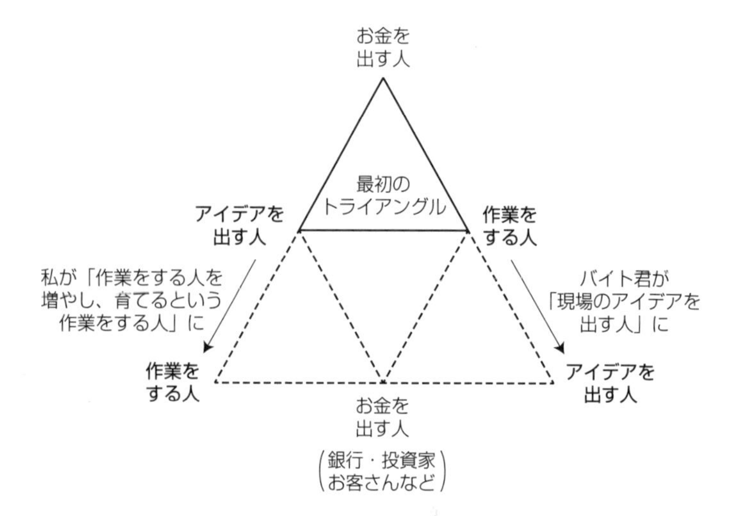

私の会社の例で言うと、「アイデアを出す人」だった私が「作業をする人」へ、「作業をする人」だったバイト君が「アイデアを出す人」へシフトしました。

といっても、私とバイト君が単純に入れ替わったわけではありません。

現場をいちばんよく知っているバイト君が「現場のアイデアを出す人」になったのです。事業拡大のステージでは、現場目線でのアイデアも必要になってきますし、バイト君に新しい使命を与えることで、慣れからくる怠慢を抑えてやる気をアップさせることができます。

そして私はどのような作業をしたかというと、「作業をする人」を増やし育てるという作業をしたのです。バイト君の量産ですね。最初のバイト君を育てた経験を持つ私が新たなバイト君たちを育てるのが一番よいのです。

現場からのアイデアを吸い上げ、増員した「作業をする人」にそのアイデアを使ってもらえば、効率もスピードも一気にアップします。

■華僑流ビジネスの組織作り…11

「トライアングル」で考える事業数の増やし方

事業拡大は前述した通りですが、まったく新しいビジネスを始める場合は、最初のトライアングルとは別のトライアングルをイチから作ります。

下の図は、私が作った１社目、２社目のトライアングルです。

〈トライアングルで事業を増やす〉

●１社目（医療機器販売会社）

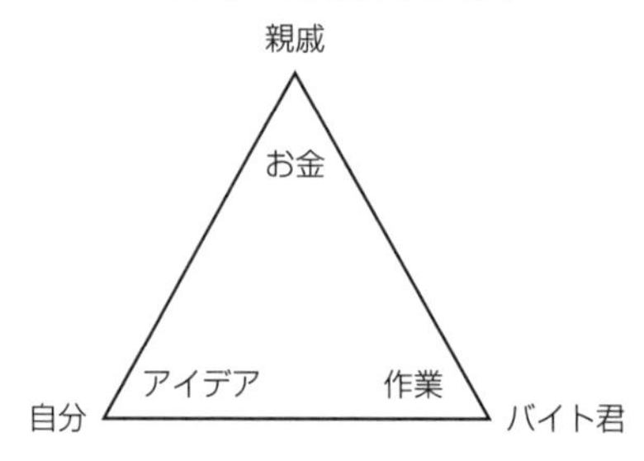

●２社目（医療機器メーカー）

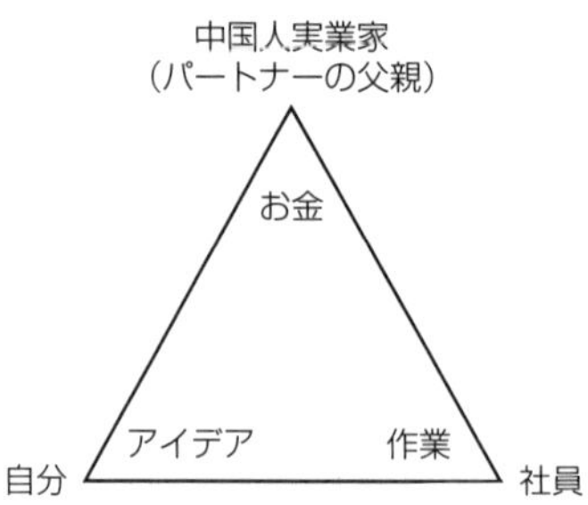

このほかにメディアや建築など、会社は同じでも事業部として独立させている事業がいくつかあり、いずれも立ち上げ時にそれぞれ別のトライアングルを作りました。

トライアングルを分けるのは、リスク分散のためです。

華僑は誰もが同時に複数のビジネスに関わり、トータルで儲けています。

彼らは、慎重な日本人には理解できない気軽さとスピードで新しいビジネスを始めますが、すべてが上手くいくとは考えていません。

分母が大きければひとつふたつコケたところで影響は小さいので、成功率よりもビジネスの数＝トライアングルの数を増やすことを優先するのです。

また、中国人はスケールにこだわりますが、華僑は小さなビジネスもどんどんやります。ひとつひとつの儲けは小さくても、たくさんの小さなビジネスを長く続ければ必ず儲かるからです。

そして大きなビジネスも小さなビジネスも、「アイデアを出す人」「お金を出す人」「作業する人」のトライアングルで回すことと、それぞれの役割分担を徹底しています。

私も華僑流のやり方で、どんどん新規事業を立ち上げていますので、読者の皆さんにもぜひ「トライアングル経営」を実践していただきたいと思います。

起業は最初の１年が勝負

ここからは、起業してビジネスを軌道に乗せるまでの流れを５つのステップに分けて紹介していきます。

私はボスのもとを卒業して起業する際に、「最初の１年で年商１億円を稼ぐ」という目標を立て、達成しました。これから述べる「５ステップ」は、私の実践記録でもあります。

年商１億円という数字は、起業家にとって大きな意味があると思います。経営者としての自信がつきますし、周囲も認めてくれます。もちろん、１億円で成功とは言えません。成功するためのしっかりとした基盤ができたということですね。

華僑が重視するのはまさに基盤作り、しかも短期間での基盤作りです。44ページで、「華僑はやる時は突撃、短期集中」というボスの言葉を紹介しましたが、フルパワー＆フルスピードで基盤を作ることが華僑の成功の絶対要件なのです。

ボスは最初の２年が勝負だと言いますが、それは華僑の場合です。彼らは言葉もわからない異国の地で、資金も乏しく、特別な技術や知識もない状態から起業するのです。

日本人が日本で、これまでの知識・経験を活かして起業するならば「最初の１年が勝負」と考えるのが妥当でしょう。

勉強でもスポーツでも最初についた差を縮めるのは大変ですが、日本人は何事もゆっくりな人が多いですから、華僑流５ステップでやるべきことを迅速に行えば、先発のライバルを追い抜くことも十分可能です。

「起業1年で1億円」華僑流5ステップ

Step 1：3つの役割で「トライアングル」を作る

Step 2：最小限からスタート　〜華僑流わらしべ長者〜

Step 3：「初速」をフルに上げて飛び立つ

Step 4：華僑流アップセル＆クロスセルで売上増

Step 5：社長による作業のマニュアル化

Step 1：３つの役割で「トライアングル」を作る

まずはビジネスの基礎作り。前項で述べた「アイデアを出す人」「お金を出す人」「作業をする人」の『トライアングル』をしっかり考えることです。

私の場合は、

・「アイデアを出す人」：自分（社長）
・「お金を出す人」：複数の親戚
・「作業をする人」：知人（アルバイト）

でした。

ここでおさらいですが、３つの役割それぞれ最低１人ずつ確保するのが基本。各役割が複数になるのはＯＫです。複数になる場合は、トラブル防止のために各役割の中での役割分担やルールをしっかりと決めておきましょう。

自分以外の役割は社外に求めるのもアリです。

たとえば「お金を出す人」は銀行、「作業をする人」は事務代行など。自分が「アイデアを出す人」の役割ではない場合は、感情が入る友人知人は避けてコンサルタントなどと契約するのが無難です。

一番大事なのは、自分の役割に徹すること。私にとって最も難しかったのは「作業」を兼ねないことでしたが、ボスの教えを厳守したおかげで「トライアングル」の機能を生かして組織を回していくことができました。

〈実践ドキュメント〉

■お客さんを連れてくる営業は「作業」

「トライアングル」の役割分担で、営業でも"作業"の部分はバイト君の担当に。飛び込み営業をしてお客さんを連れてくるところまでがバイト。その後の対応からクロージングは自分。

この分担は大正解だった。セールスマンは断られても何度でも足を運べるが、会社のトップである自分が出向いてはっきりと断られたら打つ手がなくなってしまう。できるだけ自分が前面に出ないことで、バイト君が断られたお客さんも将来的に可能性のあるお客さんとしてリストに残すことができた。

■自分が得意なことも思い切って任せる

どう考えても自分がやったほうが早い・上手いことも、ぐっと我慢してバイト君に振った。バイト君を育てることが第一の目的ではなく、自分が疲れないため。

社長が疲れた顔でクロージングに臨めば勝率が落ちる。常にシャキッとした態度でお客さんに接することが自分の役割と心得、バイト君にもしっかり説明した。

■金策に走らず本来の仕事に集中

最初にビジネス資金を確保したおかげで、金策に走り回ることなく、ビジネスプランの遂行に集中することができた。バイト君も給料の不安なく作業に没頭することができた。お金を出してくれた親戚たちには月次報告で何にいくら使ったかを報告。自分たちが出したお金がちゃんとビジネスで使われていることを確認して、安心してくれた。

Step 2：最小限からスタート ～華僑流わらしべ長者～

〈ボスの教え〉

「華僑は、極端に言えば何もないところからでもお金を作るんです。落ちてるゴミでも有効に使って、できたお金で次のことをやる。最初にお金があってもほとんど使わないくらい。だから結果的にお金持ちになるのは早いですよ」

前半は日本でもお馴染みの“わらしべ長者”、後半が華僑流。とはいえ、日本でも高度成長期の起業家は華僑と同様ではなかったかと思います。

私は起業後すぐにショールームを作ろうとして、「形から入るな」とボスに止められました。

外見や便利さは儲かった後で考えろ。起業後数カ月は売上が立たないのだから、事務所などの固定費は最小限に抑え、その他経費も節約を徹底するようにと。

もちろんお金を使うなということではありません。初期はマーケティングのテストや見込み客の確保に資金を投入するべき。そうすることでビジネスが回り出した時にセールスに専念することができて早く儲かる。次のステージにも早く進むことができるということです。

〈実践ドキュメント〉

■ワンルームマンションの一室で商談

都心から少し外れたエリアでワンルームマンションを借りて、デンタルユニット（歯医者さんのイス）を1台だけ設置。来てくれたお客さんの驚きや疑念は、得意のトークで納得に変えた。

「あえてここなんですよ。ショールームとクリニックでは広さも照明も違うでしょう？　ここなら先生のクリニックに近いイメージで見ていただけます。それに私は高い場所代を商品代に乗せて売って先生方に損させるのは嫌なんですよ」

■先もらい・後払いでキャッシュを確保

ワンルームに設置したデンタルユニットは、メーカーに交渉して、売れたら支払う約束でレンタル。後にラインナップを増やした時も、多少割高にはなるが後払い（翌々月払い）にしてもらい、お客さんからは先もらいする代わりに値引きに応じた。

■エアコン使用禁止・10駅区間は自転車移動

バイト君にも経費意識を埋め込み、ルール厳守を徹底。事務所のエアコンは使用禁止、外出時はブレーカーまで落とした。快適な温度で仕事に集中したい時は、時間を決めてファストフード店を利用。交通手段は徒歩、自転車、電車のみ。

■車を手放して家計もスリムに

会社から収入が得られるようになるまでは月々の生活費も節約。家族とよく話をして、固定費の中でいちばん大きい車を手放した。

Step 3：「初速」をフルに上げて飛び立つ

〈ボスの教え〉

「華僑で、忙しいという人はあまりいないけど、最初は24時間ほとんど寝ずに働きますよ。というのは、適度に頑張るのでは、ずっと頑張り続けないといけない。最初に頑張ったら後は楽なんです。人生から見たら数カ月頑張るのは大したことないでしょ」

Step３はStep２と同時進行。最速でビジネスを軌道に乗せることに全力を尽くす段階です。

私はボスの教えから飛行機をイメージして、エンジン全開で走り出しました。飛行機は離陸して一定の高度に至れば安定飛行に入りますが、滑走路でスピードをつけなければ飛び立つことさえできません。

その「初速」を上げるためにボスから学んだことは、ビジネス以外のことを考えられない環境に身を置くこと、そして効率よりも効果を優先させることです。

ボスの言う通り、長い人生の中での数カ月間は一瞬です。その一瞬だけビジネスだけの生活をしても失うものは何もありません。後で取り戻すほうがよほど大変ですし、数倍の時間を要します。

〈実践ドキュメント〉

■起業後3カ月間は事務所に泊まり込み

平日はバイト君と2人で事務所に泊まり込み。快適な環境にすると家と同じになってついダラダラしてしまうため、男同士で気持ち悪いとは思ったが一組の布団を買い、上半身だけ布団がある状態で寝泊まりした。朝起きると同時に一日の取り組みと今後の戦略会議。夜まで別行動で定時連絡を入れながらそれぞれの仕事に集中した。

■マーケティングのテストに集中

自分はマーケティングのテストに専念。ダイレクトメール（DM）、ファックスDM、チラシのポスティングほか、考えうる手段をどんどん試してデータを記録。費用対効果、時間対効果を洗い出し、より効果の高い手段に絞っていった。
（次のステップでは、最も高い効果が出た手段に資金を投入）

■見込み客は「先に利する」

すぐに買ってくれるお客さんだけでなく、将来のお客さんを集めるために「相手に先に得をさせる」というボス直伝の教えを実践。バイト君がWebに詳しかったので、ショールームに来てくれたお客さんにはクリニックのケータイサイトを無料で作成するなどのサービスを行った。自分はお客さんが欲しがる情報（歯科業界の情報に限らない）を無料で提供。「今お金を払ってくれる人だけがお客さん」と決めつけないことが大切。
→3カ月後には次々注文が入るようになり、動けば動くほど常に新しい仕事が発生するという、ありがたい状態に！

Step 4：華僑流アップセル＆クロスセルで売上増

〈ボスの教え〉

「大城さんはセールスが上手ですけど、売り込まないでなんでも売れるようになったら本当の華僑流と言えますね。僕は物販もやってるしコンサルもやってるけど、自分から売り込んだことないでしょ？」

Step 4は本格的に利益を出していく段階です。拡販とともに商品ラインナップを増やすなどの工夫が必要になってきます。そこで華僑流を用いれば、アップセルもクロスセルも面白いほどスムーズに運び、なおかつお客さんに喜ばれるのでストレスもありません。

アップセルのポイントは、お客さんと長くつき合うこと。最初から取引の継続を前提としたシステムで売ることで、良好な関係を保ちながら、今の利益も将来（リピート）の利益もしっかり取れるのです。

クロスセルのポイントは、お客さんをひとりの“人間”として見ること。私のお客さんは歯医者さんですが、歯科医としてではなく生活者としてのその人のメリットを考えると、さまざまなアプローチが可能になります。

華僑流は小手先のテクニックではなく、人との関係作りが基本。だからこそ世界中どこでも通用するのですね！

〈実践ドキュメント〉

■「今ならお得」は×

「今なら安くします」では取引が１回で終わることが多い。「２回目から安くなります」「２台目から安くなります」が正解。最初からそういうシステムとして売ったので、お客さんも納得してくれる上、リピート率が高くなった。

■サポート期間の延長は一石二鳥

サポート期間延長のアップセルは、売った時の利益アップだけがメリットではない。長期にわたってお客さんと接触できる（たくさんビジネスできる）保証を手に入れたようなもの。

■「みんな使ってる」「あの○○さんも使ってる」

メンツ主義の華僑は知り合いの勧めを断らないため、紹介だけでもやっていける。しかし日本人は自分で意思決定できない人が多いので、「みんな使ってる」、もしくは「あの（有名な）○○さんも使ってる」が効果的だとわかった。「みんな使ってる」は、自分だけ取り残されたくないという心理に作用、「あの○○さんも使ってる」は、権威に弱い日本人に効く。

■スポンジから車のワックスまで

クリニックのシンクがピカピカになるスポンジから、お客さんが乗っている高級車のワックスまで、何でも売った。

医療機器の関連としては、買い替え需要の場合は「新しい設備を患者さんにアピールするＨＰ」を、開業需要の場合は内覧会などのイベントを提案。

Step 5：社長による作業のマニュアル化

〈ボスの教え〉

「中国語で“工作”と“作業”、日本語では“仕事”と“作業”ね。この違いは常に意識してください。社長がやるのは仕事。仕事にはルールないから考えないといけない。従業員は作業。ルール通りやるのは誰でもできるんだから」

Step 5は、ここまでやってきたことをマニュアル化して誰でもできるようにすることです。「この人がいないと回らない・わからない」という状況はよくありません。

私は最初に、自分は作業はしないと決めましたが、ボスの教えから「そうか、作業はルール通りやるもので、そのルールは自分が作らないと誰でもできる作業にはならないんだ」と気がつきました。

社長が作業をしてはならないとはいえ、作業のルール化・マニュアル化は社長の仕事なのです。

ですので、矛盾するようですが、私の経験から言えば最初の「トライアングル」を作って回していく段階では、社長が一通りの作業を自分でやってみるのが早道です。

ただしそれは１回で十分。社長の仕事は“誰でもできるやり方”を考えることです。マニュアルを作る作業は自分でやらず「作業をする人」に任せましょう。

〈実践ドキュメント〉

■「従業員は入れ替わる」を前提に

起業間もない小さな会社は、メンバーが頻繁に入れ替わるのが当たり前。起業時から苦楽をともにしたメンバーには、やはり特別な思い入れがあるが、それでもいつか辞めることを前提として個人に頼らないよう意識した。

■苦手な作業は苦手だからこそ1回で把握

自分の苦手分野は売った後の作業。ビジネスチャンスにつながる見積りの作成や問い合わせ対応は積極的に素早くやるものの、成約後の細かい作業はやる気が起きず放置しがち。苦手だからこそ1回でポイントをつかんでバイト君に説明できるように、目的意識をもって取り組んだ。

■マニュアル作りは一石三鳥

ひとつひとつの作業のやり方を細かくバイト君に説明し、必ずメモを取らせてマニュアル作りを指示。自分の復習になり、バイト君は忘れず迷わず作業を進めることができ、マニュアルも出来上がると一石三鳥。

■ブレないために「考えておく」

ボスのもとでの修行中にしょっちゅう言われた「考えるな」の意味がわかった。お客さんや従業員から何か質問された時、"その時"に考えると、その場しのぎの答えが混じってしまう。

いざという時に考えなくていいように、常日頃から先回りして考える習慣をつけた。

― The boss's wise remark ―

努力よりも
タイミングが大事

努力は誰でもしてます。
あらゆる人がそれなりに努力してる。
そしてチャンスは誰にでもあります。
でもタイミングがズレたら、なんにもならない。
作物を育てたことがある人はわかると思いますけど
種まくのが２週間遅れたらもう芽は出ないんです。
子どもの教育も同じ。
国立大学へ入れたかったら、小学校の３年生くらいから
勉強のほうに持っていかないといけません。
小学生の時は放置して中学、高校から始めよう、では
間に合わない。
数倍の努力をしても追いつけないかもしれない。
だから、すべては努力よりもタイミングなんです。
問題はタイミングを判断する能力があるか、ですね。

第3章

最強の合理思考で「人」の悩みをシンプル化する

entrepreneur by overseas Chinese

■ビジネスパートナーの見極め方…１

「できる人」より「やりたい人」と

「自分ができなくても、できる人と組めば可能になる。これも華僑の考え方のひとつですけど、ずっと一緒にビジネスをやる仲間は『できる』と言う人より『やりたい』と言う人のほうがいいんです。できる人同士が組んだらリスクも出てくるでしょ。できると言う人は、もともと独りでもできると思ってるんだから」

確かに、これまでの出会いを振り返ってみると「できる」と主張する人とは長続きしませんでした。

社長同士のコラボビジネスなら問題ありませんが、身内（社内）に入れた場合、意見が食い違った時などに「じゃあいいよ、俺は自分でやるから」と言って早々に去ってしまうのです。

できないよりできるほうが良いに決まっていますが、「自分はできる」と主張する人よりも「あなたとやりたい」、もしくは「このビジネスをやりたい」と言う人のほうが、継続の可能性が高いということですね。

お互いのメンツを大事にする華僑は、できると言ったことができなかった時のことも考えています。できなかった時、決別しない道を残すために、相手をうまく誘導して「やりたい」と言わせるのも華僑流なのです。

一時的に上がっている人は×。モチベーションの波を読む

「上がれば下がる、下がれば上がる。上下しながらバランス取れるのが自然の摂理で、一定はあり得ない。ビジネスの相手にも同じことが言えるんです。ひとつの判断基準は、その人が下がった時にどうなるかですね」

起業家としてよくあるのは、セミナーなどで出会った人と意気投合して「一緒にビジネスをやりましょう！」となるパターン。実現性は低いです。

なぜなら自分も相手もセミナーで刺激を受けて一時的に「上がっている」状態での話だからです。落ち着いてくると「あれ？」となることが多いんですね。

私が過去に損失を出したケースも根本は同じで、相手のモチベーションを見誤ったのが一因でした。その相手は土日も働くし、なんでもやると意欲満々でしたが、実はその時がモチベーションマックスでした。

しかも嫌な出来事があっての“見返してやる”気持ちがモチベーションとなっていたため、普段は上がらない高さまでモチベーションが上がっていたのです。その反動で下がり方もハンパなく、半年経たないうちに辞めてしまいました。以来、私はどんなに気の合う相手でもお見合い期間を設け、モチベーションの波が下がった時の様子を必ず見るようにしています。

■ビジネスパートナーの見極め方…３

「成長スピード」に注目する

「この人とつき合っていけるか、一緒にビジネスをやっていけるか。どこ見たらいいですか？　一番は成長スピードですね。今は自分とレベル同じだとしても、成長スピード遅かったらいずれ邪魔になります。こっちが邪魔にしなくても、相手がしんどくなりますわね」

この教えは下線つきでノートに書いてあります。

というのは思い当たるフシがあり、心に引っかかっていたことがスッキリしたからです。

学生時代からの友だちが数人いて、社会人になってからもよく遊んでいたのですが、ボスに弟子入りしたあたりから半分くらいはなんとなく疎遠になりました。その友だちを思い浮かべると「出世も見えたし、ぼちぼちでいいや」とスピードを緩めた人ばかりだったのです。

それがわかってからは、つき合う人が変わり、私のスピードについてくるパートナーとも出会えました。

成長スピードが早い人とつき合えば自分も加速します。逆に周りが遅ければ、自分が早いように錯覚してしまうので危険ですね。

■ビジネスパートナーの見極め方…4

100%信頼するのは自分の「甘え」

「日本人はよく知らない人には壁を作るね。ところがいったん心を許すと100%信頼。だからちょっとしたことで騙された、裏切られたと大騒ぎするんです。華僑はどんな相手でも信用するのは99%までで、残りの1%は自己責任です。全面的に信頼するのは甘えなんですよ。自分で考えること放棄して、相手に委ねてるんだから」

私は昔から人を疑うのが嫌いでした。経営者になればいろいろな人間が寄ってきますが、「こいつは俺を騙そうとしているんじゃないか」といちいち疑っていてはキリがないし楽しくありません。しかし、結果的にはよく騙され、そのたびに落ち込みました。

そういう経験も踏まえて、ことパートナーや従業員に対しては「100%の信頼は甘え」というボスの教えが非常に大きなものとなっています。

相手が大事であるほど、信頼をかざして相手に寄っかかるのはＮＧ。100%の信頼は相手の重荷になりますし、自分にも油断が生まれ、自分磨きの努力を怠ってしまいます。結局は相手を損ね、自分も損ねるのです。

ビジネスに限らず、友人間や男女間も同様ですので、この教えは多くの方に刺さるのではないでしょうか。

■ビジネスパートナーの見極め方…５

「盲目に象」を意識する

「大城さん、それは“盲目に象”ですよ。私、いつも言ってるでしょ。皆それぞれ育ってきた環境が違う。経験値も能力も違う。立場も資源もぜんぶ違うんだから、他人を説得しようといくら頑張っても無駄なんです」

若いパートナーと大げんかをした時に、ボスからもらったアドバイスです。ノートにも書いてあるのですが実践には活かせていませんでした。

〈盲目に象〉とは、真実はひとつではないことを示唆する寓話です。数人の目の見えない人に象を触らせて、どんな動物かと尋ねると、それぞれバラバラな答えが返ってくる。鼻が長い動物、耳が大きい動物、足が太い動物、皮膚がザラザラした動物……。皆、触っている部分が違うのだから当然一致しない。

鼻を触った人が足を触った人に、「鼻が長い動物だよね」と言っても、「いやいや違う。足が太い動物だよ」となって永遠に噛み合わないわけですね。

ほかの部分もどんどん触っていけば全体像に近づくことはできますが、ひとりの人間がどれだけ頑張っても限度があります。つまり、組織のリーダーとしては、人が触った部分を教えてもらって受け入れることが必要なのです。

他人を変えようなどと思わず、自分が変わればよいのです。

■ビジネスパートナーの見極め方…6

本心、本音でつき合う「不打不成交」

「不打不成交。喧嘩をしなければ本当のつき合いはできない、というような意味ね。日本でも同じ考えあると思いますけど、中国ではメンツ大事で命のほうが軽いから、基本的に喧嘩は避けるんです。喧嘩をするのは本心を言える仲間の証みたいなものですね」

華僑は誰とでもつき合いますが、本心はなかなか明かしません。本心を明かし、本音でつき合うのは「仲間」だけ。本心を言い合い喧嘩をするのが仲間であり、喧嘩をしない・できない相手のことは用心して仲間認定しないのです。

実は私も昔からそうでした。口が達者なので相手を言い負かしてしまうことも多いですが、勝ちたいわけではなく本心を言っているだけなのです。そこで相手も本心を言えば次へ進めますし、言わずに私に合わせるフリをすれば互いの関係性は変わりません。

今、パートナーとして続いている人は、私が強く出ても合わせるフリをせずに本心をぶつけてきた人です。私からも自分からも逃げなかった人ですね。また私は、彼らとの喧嘩を通じて自分のいろいろな弱点に気づき克服することができました。「これはあなたに教えてもらったおかげなんだよ、ありがとう」と、感謝を言葉にして伝えています。

■ビジネスパートナーの見極め方…７

裸のつき合いのために あえて「契約書」を作る

私は、本当に大切なパートナーとは契約書を交わすことにしています。相手を縛るためではありませんし、自分を守るためでもありません。お互いに虚飾のない“裸のつき合い”をするためです。

家族同然のつき合いをしているパートナーにも「裸でつき合うために、僕ら同士で契約書を交わそうよ」と言います。

85ページで述べたように、100％の信頼は相手への甘えであり、自分の怠慢です。また、時とともに状況が変わっていく中で相手も変わりますし自分も変わります。しかし契約書は変わりません。

相手の言葉は本当か嘘か……、どこかで裏切られるのではないか……、儲かった時にお金を持ち逃げされたら……。

そんな疑念は契約書に見張らせておけばいい、紙に疑わせておけばいいのです。人間対人間は裸でいい。疑わなくていいのです。

これも華僑の対人術から発想したことです。メンツ主義の華僑は、人が人を罰したり責めたりしなくていいように、物にモノを言わせます。何かあった時、「お前が悪い」ではなく「この紙が悪い」と言えるようにしているんですね。

「人を選ぶ」のはレベルが低い

「孟子さんの有名な言葉で“天時不如地利、地利不如人和”というものがあります。天のもたらす幸運よりは、地勢の有利さ。地勢の有利さよりは人心の一致。ビジネスも最終的には人材の勝負ですけど、良い人を選ばないとできないというのはレベルが低い。頭使えばどんな人でも活かせるんです。与えられた資源をいかに有効に使うかですね」

ボスの言葉は、「華僑とは何か」の説明にもなっています。

生きていくためにより有利な土地を求めて祖国を出て、行き着いた土地の人を相手に商売をし、土地の人を雇うことで貢献して受け入れられる。それが「ザ・華僑」なのです。

とくに外国人の立場で、言葉も文化も違う人を使うのはかなりの苦労を伴うはずです。人を選ぶなど二の次でしょう。それでも成功するのは、人間の心理や本能に基づいた知恵と、長い歴史の中での膨大な実践経験の伝承があるからです。

人心の一致、人の和といっても、日本人が考えるそれとはずいぶん異なります。華僑流を知れば一見ややこしい人間関係の問題や悩みがシンプルになり、本来の社長業に専念することができるはずです。

■気持ちが楽になる人の雇い方・使い方…２

「優秀な人」など来ない

「社員に給料以上稼がせようなんて、それは助兵衛根性。給料以上稼ぐ人は少なくとも勉強できる人です。勉強よりビジネスのほうが難しいんだから。そんな優秀な人が無名の会社に来るわけない。それ大前提で、できない人をいかに使うかですよ」

そうですね、でも優秀な人が欲しいですけどね、と言いながら、起業というのは社会貢献だなあ、と考えていました。

高学歴な人は大企業に就職するか公務員になり、出世を目指す。学歴がなくても優秀な人は自分でビジネスをする。そのどちらでもない人の雇用の受け皿となるのが中小ベンチャー企業なのです。

ですからボスの言う通り「いかに使うか」で、「育てよう」などと思わないことです。私は余計なことを考えないよう、いつも下のことを意識するようにしていました。

スタートアップの２年間は、
社員の将来　＜　会社の将来

そして社員に余計なことを考えさせない作戦として、次々と作業を命じ、常に忙しい状態にしていました。

社長が考えればやるべき作業はいくらでも出てきます。やはり社長の仕事は、考えることですね。

■気持ちが楽になる人の雇い方・使い方…３

人は「辞める」のが前提

「社員がすぐ辞めると悩んでる経営者、多いですけど、気にすることない。中国では一通り仕事を覚えたら辞めるのが当たり前なんです。そこそこの規模の会社でも旧正月中に社員の三分の一が入れ替わるくらいですよ」

なぜそんなに辞めるのかと言えば、中国人は皆トップを目指しているからです。人に仕えるのは恥ずかしいという感覚なので、ナンバー２でも納得しません。会社は独立のための踏み台でしかないんですね。

というのは文化の違いの話ですが、「どうせ辞めるんだから」と思って対策しておけば気が楽ですし、慌てることもありません。

スタートアップ期は人が入れ替わっても回せるシステムが必要で、残ってもらうシステムは次の段階です。

残ってもらうシステムがなくても残る人は、社長のガムシャラな部分を見てきた人。弱いところも強いところも近くで見てきた人です。

しかし、だからといって残ってもらうように気を使ったり、その人の機嫌をとるのはよくありません。この人が大事だと思えば、自分の甘えが出てきますので、初期はとにかく「自分のほかは誰でもいい」を貫くことです。

もし選ぶなら「好き嫌い」で選ぶ

「人は選べないし選ぶ必要もない。でも究極はね、好き嫌いで判断したらいいんです。大城さんは最初アルバイトの男の子と２人でしたね。たった２人で相手のこと嫌いだったらどうですか？」

これもスタートアップ～社員10名を超えるまでの期間限定と思っていただければよいですが、人数が少ないうちは社長が楽になることを優先するべきなのです。

社員のことがストレスになって頭から離れないようでは、社長のパフォーマンスに影響するのは必至です。

儲からない会社は、だいたい社長が経営に集中していません。できる人を採ろうと何度も面接したり、できない人を育てようとしたり、苦しいことをして仕事をした気になっているのは最悪のパターンです。

選びたいなら、もう好き嫌いでパッと選ぶ。私の場合は会話中の反応が遅かったり、小さい声でぼそぼそしゃべるタイプはストレスになるので、元気よくハキハキとしていればまずＯＫです。

ただし感情を入れてはいけません。好きなタイプだからと情をはさむと事実や現象を無意識にねじ曲げてしまい、判断を誤ります。「感情を入れない」はどこまでも厳守です。

■気持ちが楽になる人の雇い方・使い方…5

裏切りのほとんどは お互いの「誤解」

「中国人も仲間を大切にしますけど、裏切りはあります。最初から裏切るつもりでリスクをとってハメにくるんです。日本人は、そこまでの覚悟はないね。それより相手のことわかってないのに信用するから、裏切りといっても単なる誤解が多いと思いますよ」

私は起業２年目に、社員のひとりによる横領を経験しました。１年目必死で働き、年商１億円を達成、社員を増やしたところで、ほとんど会社に顔を出さなくなっていました。仕入れや経費の計算も社員任せにしていたために、けっこう長い間ごまかしに気がつかなかったのです。

ごまかしを知った時には落胆しましたが、ボスの言葉を思い出し、すぐにこれは“誤解”だと冷静に考えることができました。

横領した彼は、給料以上に働かされていると思い込んでいたのです。社長はクロージングのみで、お客さんを連れてきたのは自分たちなのだから、もっと給料をもらって当然だと。

それは誤解ですが、そもそも私が誤解を生まない仕組みを作るべきで、どちらがどれだけ悪いということではありません。結局、彼のことは不問にしてメンバー解散。私ひとりに戻り、妻の手を借りての再出発となりました。

■圧力をかけずに人を動かす華僑流マネジメント…1

人間の「ずるさ」を出させない

「中国では賢い＝ずるい。勤め人はいかに楽してお金もらうか、そればっかり考えてます。だから日本人が中国人を使うのはかなり難しい。でも我々には簡単なことです。ずるいことを考えないようにもっていくだけ。ずるいの上をいくのが本当に賢いということですね」

人間のずるさを出させない仕組みを作っておくのが、華僑流マネジメントの基本。ということで、私も実践しています。

勤務の記録をタイムカードでやるか、出勤簿でやるか、本人に選ばせるのもそのひとつです。

９時５時の定時が基本で残業代もきっちりつけたい派はタイムカード（ただし１分でも遅刻したらペナルティーあり）。報酬は成果次第の裁量労働制で、ある程度自由に働きたい派は、ハンコを押すだけの出勤簿。職種は関係なく、どちらでも選べます。

私はそれぞれの条件を説明して「選んで」と言うだけ。そうするとタイムカードを選んだ人は時間内でのパフォーマンスを、出勤簿を選んだ人は会社の利益を意識して働きます。いずれも自分が選んだ働き方なので、やることもやらずに権利を主張するような社員はいません。

■圧力をかけずに人を動かす華僑流マネジメント…２

怒らず黙れ

「日本人は沈黙に慣れてないから、我々からするとコントロール簡単です。大城さんはすぐ怒るけど、自分の言うこと聞かせたいなら“黙れ”と言いたいね」

普段よくしゃべり、すぐキレる私こそ、沈黙を覚えろと何度も言われました。やってみると確かに、２時間説教するよりも２分間沈黙のメッセージを送るほうが効果的だとわかりました。

たとえば、社員が何か隠そうとしたり、ごまかそうとしている時。以前の私なら、そうと気づいた瞬間にぶちキレていましたが、今はぐっと我慢です。

無言・無表情を保ち、相づちも打たずに相手の話を最後まで聞き、そして難しい顔をして手帳をじっと見る。

敏感な人ほど早い段階で降参します。

ただし、相手を追いつめることが目的ではないので、降参と言わせる必要はありませんし、白状させる必要もありません。自分で気づかせることが重要なのです。

我が社では、社員用携帯電話の料金明細も使用者本人に渡して記録させています。不正が明らかな場合でも、あえて指摘せず黙って明細を渡せば、翌月からしょうもないことはしなくなるのです。

― The boss's wise remark ―

騙されてもいい

我々は学者じゃなく実践者だから、
行動しないと始まらない。
行動の結果が自分の思う通りでなくてもいいんです。
次の行動に必ずプラスになるんだから。
行動して、誰かに騙されたとしてもいいんです。
騙されなかったら賢くならないんだから。
騙されたことのない人が社長だったら
従業員はみんな、いつ会社がつぶれるかと
不安で仕方ないですよ。

■圧力をかけずに人を動かす華僑流マネジメント…３

「３秒」の前置きで円滑になる

「大城さんはお金儲けが上手いし、リーダーの気質も備わってます。でも人を使うのはあまり上手くないね」

ボスが私の足りない部分を指摘する時、必ず部分肯定をしてから部分否定をします。

人を雇えば、注意しなければならない場面が絶対に出てきますが、華僑は皆言葉の使い方が抜群に上手いのです。言葉の順番に戦略性があるのです。

私も言葉の順番を意識するようになってから、社内のコミュニケーションがずいぶんとスムーズになりました。

たとえば事務員の電話応対に問題があるなど、その場ですぐに注意したほうがよい場合も「今の電話応対はおかしいでしょ」ではなく、まず「あなたのことを怒るんじゃないよ」と前置きをします。

３秒の前置きがあるかないかで、後の流れが変わってきますし、その人を否定するのではなく部分に対する注意だということが伝わります。

この順番を間違えると、部分否定なのに全否定されたと思い込む人がけっこう多いのです。そうなると注意しても意味がありません。３秒の前置きは、部下を持つ会社員の方にもぜひ試していただきたいですね。

失敗した本人を悪者にしない

　メンツ主義の華僑は、失敗した本人を直接責めることはしません。本人を責める代わりに、自分たちから遠く、かつ個人批判にならない「業界の慣習」などを悪に仕立ててその場を収めるのです。
　それでは本人のためにならないし問題も解決しない？
　そんなことはありません。自分の失敗を責められないのは、本人にとってある意味いちばん苦い「薬」になるものです。二度と同じ失敗はしないはずです。

　ただし日本人の場合は、華僑ほどまわりくどいやり方では気づかず、本当に自分は悪くないのだと勘違いさせてしまうこともあるので要注意です。
　そこで私は、華僑流を少しアレンジして活用しています。
「これはあなたが悪いんじゃない。会社のシステムが欠けているか機能していないのが原因だから、システムがちゃんと機能するように協力してください」
　このように言えば、失敗した本人はミスを隠さず事実を話します。私も事実に基づいた分析ができますので、単なる誘導に終わらず、実際にシステムの欠陥を補ったり、マニュアル化して全体で共有するなど、従業員の失敗をプラスに変えることができるのです。

■圧力をかけずに人を動かす華僑流マネジメント…５

事実を引き出す質問は「なぜ？」ではなく「どのように？」

従業員がミスをした時、社長として知るべきは現実に起こったこと、客観的な事実です。ここで質問の仕方を間違えるとアウト。相手の言い訳や主観的な分析によって事実が見えなくなってしまいます。

「そんなの簡単ですよ。『どのようにしたのか？』と尋ねれば素直に答えるんです。『なぜそうしたのか？』はダメ。怒られてると思って絶対に本当のこと言わない」

これは本当に使える質問の仕方です。

「なぜ？」には、質問者側の“納得いかない”感情が含まれています。相手はその感情に反応して、質問者を納得させようとして言い訳をしたり、自分の意見を入れたりして、わけのわからない返答をしてしまうのです。

たとえば、機械の修理に行った先でお客さんを怒らせた、という報告があったとします。

「なぜ、お客さんは怒ってるの？」

「たぶん○○だと思いますけど、でももう先方は怒ってませんよ」

自分の考えが入ってしまい、事実はひとつも出てきません。

隠すつもりはなくても、本人が事実をわかっていない可能性もあります。

今度は質問を変えてみます。

「どのような不具合があって、どのように修理したの？」

「○○から異常音がするということで、○○を取り替えました」

「それでお客さんはどのように言ってるの？」

「○○が違うと言っています」

「それにどのように答えたの？」

「今は○○できないと答えました」

次々と「どのように？」で訊いていけば、事実が見えてきます。本人も答えているうちに事実を把握し、お客さんを怒らせた理由も理解しますので、私が叱る必要はありません。社長として同じミスが起きないようにシステムを改善するだけです。

相手を追い込まずに真実を導き出す「どのように？」、ぜひ使ってください。

■圧力をかけずに人を動かす華僑流マネジメント…6

相手には「なぜ？」と質問させる

「従業員には『なぜ？』と質問させたほうがいいんです。腑に落ちないから『なぜ？』と訊くわけですから、社長はちゃんと答えられないといけません。答えたら信頼されるでしょ」

私は、従業員からの「なぜ？」は前向きな気持ちの現れだと考えています。

なぜこの作業をするのか？　なぜこのやり方がいいのか？　自分の仕事や会社のことをもっと知りたいという前向きな気持ちがあるから質問するのですね。

社長はどんな質問にも即答できるように、準備をしておく必要があります。

従業員からの質問は“待ち”です。信頼というものは自分から取りにいくと逃げます。準備をして待ち構えておくしかありません。

社長の強さを見せるのも同様。たとえどんな上客であっても、「こういう（理不尽な要求をする）お客さんであれば断る」と明確に決めておき、その場面が来たらキッパリとした対応をする。事が起こる前に準備をしておくことで、しかるべき場面、タイミングで即座に反応でき、こちらから押しつけることなく信頼を得ることができるのです。

欲があるのが人間。上手に使うと人は動く

「人を動かす動機は２種類ですね。“今ないものが欲しい”と“今あるものを失いたくない”。日本で本当に貧乏な人は少ないから“失いたくない”ほうが動機としては強いわけ。でも大城さん、もっとお金欲しいでしょ？　どこまでも欲あるのが人間ですから“欲しい”も無視したらダメなんです」

なるほど、やはり華僑流は深い！　とウナりました。というのは、「損したくない」心理をあおる欧米流のセールス手法と、ボスの話がリンクしたからです。表現は違いますが、根本は同じだなと。

「得したい」か「損したくない」か。どちらかと言えば「損したくない」でしょう。

頭に「絶対に」をつければ「絶対に得したい」とは思わない人も「絶対に損したくない」とは思います。だから「これをやらないとあなた損しますよ」と言ってあおるのが欧米流です。一理ありますし、日本でもセールスの一手法として行われていますね。

そこで華僑流との違いですが、華僑流では「得したい」か「損したくない」か、どちらか一方ではなく両方の心理にアプロー

チするのです。なおかつ、「先に得をさせる」ことで「損したくない」気持を膨らませます。

先に相手に得をさせれば、結果的に自分の得になるということで、目の前の得ではなく先の先まで見通しているのです。

この教えはお客さんだけでなく社内にも活かせます。私がやっているのは営業マンのボーナス先渡しです。通常、ボーナスは６月と12月に支給しますが、我が社では５月と11月に先渡しします。

あなたの能力ならこれくらいの数字は行くだろうから見込みで先にあげるね、ただし達成できなかった場合は、その分返金してね、と。

金額だけ見せて「達成できない場合は減額」ではなく、実際に先に振り込むのがミソなのです。

営業マンは早くボーナスをもらえて喜びますし、一度自分の口座に入ったお金を返すのは嫌なので、意地でも数字が行くように頑張ります。

もちろん一方的に無理な数字を押しつけることはしません。その人が頑張れば達成できるラインでなければ、頑張る気も起きないので無意味です。

だらだら仕事をした結果のボーナスより多いボーナスが手に入るわけですから、何より本人にとって得ですし、経営側からしてもノルマ、ノルマとおシリを叩く必要がなく、とても楽なのです。

— The boss's wise remark —

選択の基準がないなら「選ばない」という選択をする

選べることは選んだらいいんですよ。
でも選択の基準が自分にない場合は
私は選ばないことにしてるんです。
たとえば、スイカ。
甘くて美味しいスイカと不味(まず)いスイカ、
私は選ぶ基準を知らないから、選びません。
選ばないで結果が良ければ喜べばいい。
結果が悪くても後悔するじゃなしに、
どうすれば良くできるかを考えるのが
人間の知恵ではないですか。
人間関係も同じですね。

■圧力をかけずに人を動かす華僑流マネジメント…8

人が欲しいのは「お金の先」にあるもの

「お金はそのままでは紙切れですから、人が本当に欲しいのはお金じゃありません。お金の先にあるもの、お金で得られるものが欲しいんです。給料を上げなくても、お金で買えるものをあげたら喜ぶでしょ？」

従業員の待遇をどうしようかと考えていた時、ボスから教えてもらったことです。

社員が給料を使って得たいのは「衣・食・住」です。今よりも上等な服、上等な食事、広くきれいな家。そこで、ボスの助言通りに、基本給は上げずに「衣・食・住」に関する手当をプラスすることにしました。

衣：上等なスーツの生地を支給する

食：会社の経費枠で食事の面倒を見る

住：住宅手当を出す

もちろん全員に全部ではありません。何が欲しいかは人によって異なりますので、選べるようにしています。

また、従業員サービスとして格安の量販店でミネラルウォーターのペットボトルを買い、会社で自由に飲めるようにしています。それほどお金がかからないわりに、皆とても喜んでいるのでお勧めです。

「結局、お金を使うのなら給料を上げればよいのでは？」と思われるかもしれませんが、ベースアップすると簡単には下げられません。手当は業績次第で増減するものとして支給しますので、一時的に減らしたりなくしたりしても不満が出にくいのです。

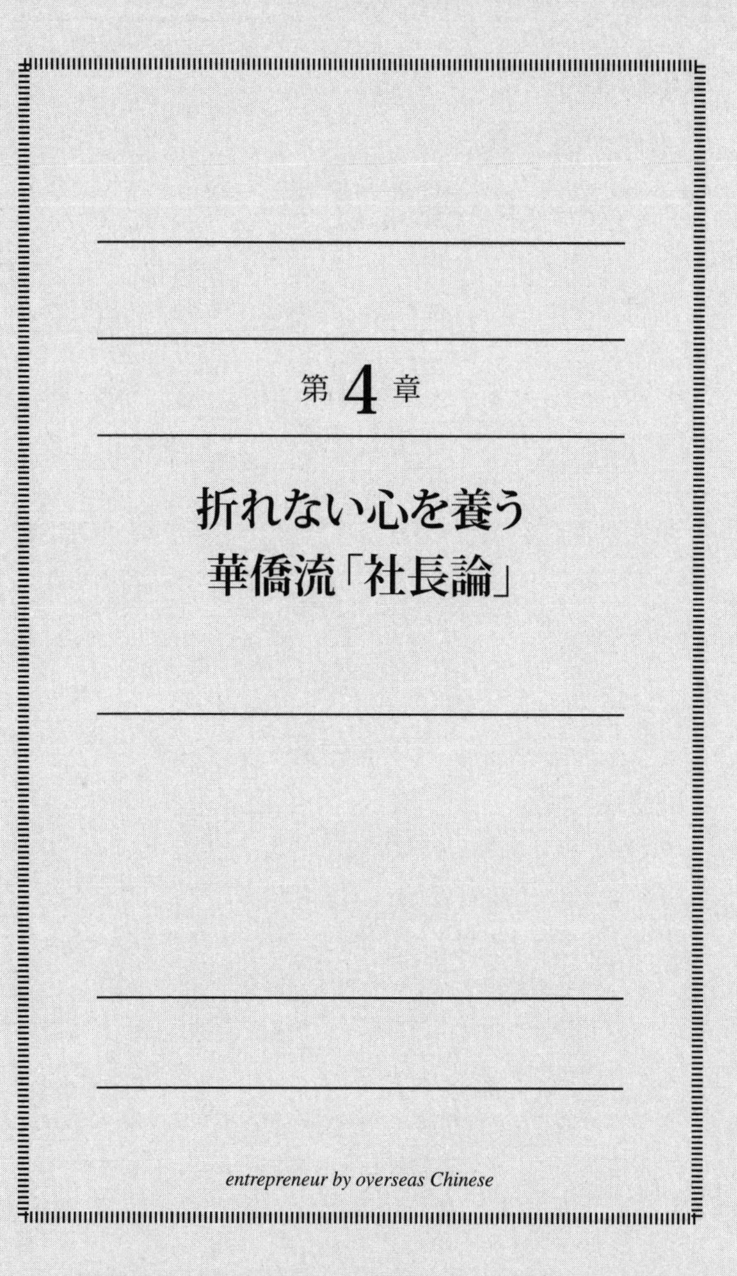

第4章

折れない心を養う華僑流「社長論」

entrepreneur by overseas Chinese

■社長の仕事…１

〈第一の仕事〉
システムの器を作る

「まず器を作ること。器がないとお金も人も入ってきません。器を作っても、この形・この大きさと決めて固めてしまったら、それ以上に入ってこない。可能性を限定しない器、容量も用途も自由に広げられる柔軟な器をイメージしてください」

起業初期は会社の器＝社長の器。お金も人も社長のもとに集まってきますので、最初のうちは社長の器に仕事を呼び込むしかありません。

しかし言うまでもなく、社長頼みの状態からはなるべく早く脱却するべきです。そのためには組織を機能させるシステムが必要。まず作るべきは「システムの器」なのです。

なぜ器が必要なのかと言えば、システムを作る＝分解作業だからです。誰でもミスなくできるように、と考えれば考えるほど、作業は細分化されていき、全体を構成しなくなります。

セールスでもマーケティングでもマネジメントでも、追求すればするほど細かくなっていきます。細々としたものを入れておく「器」がなければ、その場その場の部分指示ばかりになってしまうのです。

部分指示はよいのですが、全体戦略を達成するための部分指示でなければシステムは機能しません。

■社長の仕事…2

〈第二の仕事〉
値決め

「華僑は利益のことしか言わない。大城さん、私のところで十分理解したと思います。社長が追求するべきは売上でも社員数でもない。とにかく利益です」

日本人の経営者同士が集まると、「売上いくら」の話になりますが、華僑同士が話題にするのは「儲けがいくら」です。華僑の言う儲けとは「利益」、それも粗利益ではなく「純利益」です。

私はボスに利益計算を徹底的に叩き込まれたおかげで、残したい利益から逆算する癖がついていますが、その中で一番難しいのが商品・サービスの「値決め」です。

値決めの判断材料は数字に表せる要素だけではないからです。取引先との関係やお客さんの人脈も含めた顧客生涯価値、短期と長期の利益、市場の動向、決算のタイミングなどなど、全方位的な判断が必要です。それは全方位を見ている社長にしかできないことです。

ある程度会社が成長して社員が育ってくると、値決めの権限を持たせてほしいという要望も出てくると思いますが、絶対に譲ってはいけません。彼らの自信は自分に見えている範囲内での自信に過ぎません。会社が大きくなっても、値決めだけは社長が握っておくべきなのです。

■社長の仕事…3

〈第三の仕事〉
地図を示す

「私、先日、富士山に登りましてね、ビジネスも登山のようなものだと。まず独りでは危険が大きくてチャレンジできない。助け合える仲間が必要ですね。もうひとつ、地図がないと迷うのもビジネスと同じ。リーダーがちゃんとした地図を持っていないと全員遭難します」

私は起業前から地図を描いていましたが、それは自分の頭の中にしかなく、図や言葉で示したことはありませんでした。

地図に書かれているのは出発地と目的地を結ぶ一本道ではありません。複数のルートがあり、途中には河や谷があり、雪崩注意の危険エリアもあります。

それらの全体像を見せながらリードしていかなければ、誰も安心してついていきてくれません。

社長の頭の中にどれだけ完璧な地図があろうとも、人に見せられなければ自己満足でしかありません。

事業計画書でもビジネスモデルでもプランでも、目に見える形にして他人と共有することは非常に大切なのです。もちろん銀行も安心しますし、パートナーやコラボ企業も安心してくれます。つまり、地図を示せば仲間が増えるのです。

— The boss's wise remark —

ガマンするのはレベルが低い

社長になってもお金持ちになっても
何でも自分の思い通りになる、それはあり得ません。
嫌な人とつき合わないといけないこともあるし。
でもガマンするのは最低。
ガマンしたら病気になって自分が損するだけですから、
逃げられるなら逃げたらいいんです。
でも立場上、逃げられない場合もある。どうするか？
一日も早く、相手を超えることです。
自分のほうが上に立てば、なんとでもできます。

■社長の仕事…４

会社という「箱」を売れないようでは何も売れない

ボスに弟子入りする前の話です。弟子入りを断られていた２年間、私はサラリーマンとして働きながら「会社という箱を売る」練習をしました。

ボスから「個人を売るな、会社を売れ」と教えてもらったのがキッカケです。

「会社の看板で仕事をしているくせに、自分の力をアピールするのはとんだ勘違い」

「そこそこ名のある会社の名前を売ることも知らないヤツが起業間もない無名の会社の名前を売ることなどできるはずがない」

この２つを言われ、起業に備えて練習したのです。練習といっても名乗り方を変えただけです。それまで「大城です」と名乗っていたのをやめて、「○○社です」と会社名だけを名乗るようにしました。

顧客からも「○○社さん」と呼んでもらえるようになれば大成功です。

また、「私はいい加減なところもありますが、会社はしっかりしています。会社を信用してください」と、会社を前面に押し出し、箱を使って商売をする感覚を身につけていきました。

今、お勤めの方には、会社という箱を売る・箱を使う練習をぜひ実践していただきたいと思います。給料をもらいながら、会社の看板を使って練習できるのは、サラリーマンの間だけですから。

ただ、起業して自分の会社の看板で商売ができるようになるまでには、かなりの時間を要します。最初は会社の信用＝社長の信用だからです。一般的には、銀行借入も上場しない限りずっと社長の個人保証です。社長が表に立たないわけにはいかないのです。

ですから「個人名ではなく会社名で呼んでもらう」のは、主に従業員ということになります。初期は従業員が頻繁に入れ替わりますので、お客さんにも従業員の個人名ではなく会社名を覚えてもらいたいですね。

会社を作るからにはやはり、個人ではなく会社を売る、会社という箱を使って商売をする、という意識は忘れないようにしたいものです。

■社長の仕事…5

社長の人格と個人の人格を使い分ける

起業初期は社長の名前と信用が大事とはいえ、社長としての自分と個人としての自分は別です。そこはハッキリと区別して人格を使い分けるべきです。

人格を使い分けるという言葉に拒否反応を起こす人もいるかもしれませんが、華僑流で感情を入れずに考えてみてください。

何も特別なことではありません。サラリーマンにしてもオフィシャルな人格とプライベートな人格を使い分けているはずです。それぞれの人格を一貫していれば、なんの問題もありませんね。

社長がオフィシャルとプライベートを一緒くたにすると、いろいろな弊害が出てきます。自分の会社だからと自分のワガママですべて押し通そうとしたり、気分でシステムを変えたりしてしまうのです。

会社として引くべき時、損切りするべき時も、「引きたくない」という個人の感情が入ると判断を誤ります。

「社長」というひとつの一貫した人格を使って経営することは、ピンチに陥らないコツなのです。

■社長の仕事…6

社長は現場から離れてはいけない

「お客さんを喜ばせるのは従業員ですか？　それとも社長ですか？　これ従業員の人も社長の人もけっこう勘違いしてるけど、お客さんを喜ばせるのは社長なんです。だから華僑の社長は地位できて偉くなっても、現場に行って直接お客さんに会います」

現場とは会社ではありません。お客さんがいるところです。手広くビジネスをして儲けている華僑の社長を知っていますが、事務所には顔を出さなくても、お客さんがいる現場には必ず足を運んでいます。

お客さんからお金を頂戴するのは社長です。お客さんがお金を払ってくれる現場を社長が知っているからこそ、お客さんからお金を頂戴することができるのです。

お客さんからの「ありがとう」は、従業員に向けられた言葉ではありません。自分が欲しい商品やサービスを提供してくれた会社への「ありがとう」なのです。

サラリーマンは会社からお金をもらっています。つまりサラリーマンにとっての「お客さん」は社長であり、サラリーマンが喜ばせる相手は社長です。起業を目指すなら、まず一番のお客さんである社長を喜ばせることですね。

■社長の仕事…７

「出社」を優先しない

社長が足を運ぶべきはお客さんのいる現場であるとはいえ、会社をほったらかしにするわけにはいきません。

従業員で自己管理ができる人や自分で仕事を探せる人は稀ですので、会社にもできるだけ顔を出したほうが良いに決まっています。

ただ、毎日の出社を決まり事にすると、「出社」が仕事になってしまうという弊害があります。

社長の仕事はお金を生み出すことです。お金を生み出すための行動を落とし込んだのが「作業」です。その作業のひとつが出社です。ですから、社長は出社を優先すべきではないのです。

出社を優先しなければフットワークが軽くなって、お客さんのところへ足を運ぶ回数が増え、その分、社員が会社に出勤してやることも増えます。

とくに起業初期は社長が仕事を取ってこなければ従業員はやることがありません。だからこそ自分は毎日の出社を優先しないのだということを、従業員にしっかり伝えておくことも大切です。「言わなくてもわかるだろう」は、誤解のモトと心得ましょう。

■社長の仕事…8

「理念と目標」を達成するためにあるのが「目的と手段」

日本では「手段の目的化が問題だ」などと言いますが、華僑は手段にも目的にもこだわりません。手段も目的も下位概念であり可変だからです。

では上位概念は何かと言えば、「理念」と「目標」です。華僑はビジネスをする上での理念と目標がハッキリしています。

理念とは不変の価値基準、目標は方向づけです。これがハッキリしているということは、右顧左眄（うこさべん）しないのです。

具体例として我が社（医療機器メーカー）の「理念」「目標」「目的」「手段」を紹介します。

理念：安全・安心な歯科医院を応援する

目標：１患者１タービン

目的：多くの医院に安価な自社製品を導入してもらう

手段：タービンを中国で作って安く売る

タービンとは歯を削るドリルのことです。このタービンが高価なため、患者さんの数だけタービンを用意できない医院さん

も多く、患者さんを長く待たせたり、すぐに予約を受けられなかったりと診療にも経営にも影響しています。

ですから我が社では、「１患者１タービン」の安心・安全な治療を行う医院さんを応援するために、中国の工場でタービンを作り、日本製の半額以下で販売し、少しでも多くの医院さんで使ってもらえるように活動しているのです。

おわかりいただけるでしょうか。我が社の理念と目標は変わりません。しかし理念と目標を実現するための目的と手段は、ほかにもっと良い方法があるなら変えてもかまわないですし、目的も手段もひとつに限らなくてもよいのです。

この変えてもいい下位概念にとらわれると、なんのためにビジネスをしているのかわからなくなり、右顧左眄してしまいます。社長がそうなら従業員はなおさら困りますね。

起業する前にぜひ、不変の価値基準である「理念」をひとつ、ビシッと決めていただきたいと思います。

■社長の仕事…9

初志貫徹のための朝令暮改のすすめ

前項からの続きになりますが、ここでは「理念」と「目標」、「目的」と「手段」をいかに従業員に伝えるか、私なりの伝え方を紹介します。

もちろんそのまま伝えることもありますが、理念だの目標だのと言うと難しいと感じる人もいます。難しいと感じさせてしまうと結局、浸透しません。

そこで私は、「初志貫徹のための朝令暮改」という、もっとシンプルでわかりやすい言葉で伝えるようにしています。

「理念」と「目標」が、貫くべき初志。

初志貫徹のために「目的」と「手段」は朝令暮改、つまり「すぐに変更する」こともあり得るよ、ということです。

実際に朝令暮改を行う際にも、これは初志貫徹のための朝令暮改なんですよと一言添えるだけで、社長の気まぐれではないことがわかり、従業員は安心するのです。

■社長の仕事…10

迷わないために最初に「入口」と「出口」を考えておく

ボスのもとでの修行時代、「考えるな。アホが考えてもアホの答えしか出ない」とよく言われました。ひどい言われようですが、これは実は「その場で考えるな」という意味だったのだと起業してから理解しました。

さまざまな可能性を想定して先に考えておけば、アホでもまともな答えが出せる。イザという時、迷わず素早く対応できる。

何度も言いますが、社長の仕事の最優先事項は考えることです。しかし、「その場」で考えるのでは遅いのですね。できる限り想定外がないように、常に先回りして漏れなく考えるのが社長の仕事なのです。

想定外をゼロにするのは無理ですが、想定外が起こった数だけ、社長が考えていないと思ったほうがよいでしょう。

また、出口戦略もあらかじめ考えておく必要があります。このビジネスがここまでいけば譲渡する、売却するなど。もちろん継続する、経営を人に任せるという選択もありです。

これも考えておけば、その時になって迷うことはありません。

出口戦略を考える上でも重要になってくるのが「理念」です。

「ここまでいけば」＝「理念の達成」だからです。理念がなければ、どの段階を出口とするのか決めかねますし、やはりひとつの区切りとして、自分が掲げた理念を達成して次の展開へ進むのが気持ちよいですね。

次の展開と書きましたが、そもそも入口と出口がつながっていなければ、途中でストップしてしまいます。要するに、自分が人生で成しとげたいビジネスの入口と出口を考えているかどうか、ですね。

私の場合、入口はデンタル、出口はメディカルです。

現在はまだデンタルの理念を達成していませんので、ここでは詳しく述べませんが、実はデンタルの理念はメディカルから導き出したものです。

つまり、起業時にすでにメディカルという出口を考えていたのです。

最初から出口が見えていれば、出口に向かって迷うことなく突き進んでいけます。ということで、「考えておく」重要性を十分におわかりいただけたのではないでしょうか。

■社長の心得…１

「上有政策、下有対策」事態には機敏に対処する

「中国の諺に『上に政策あれば下に対策あり』とあります。中国では上が勝手にルール決める、突然ルール変える。下はおとなしく従うかというと、そんなわけありません。下も慣れたもので、すぐにルールを応用して抜け道探します。対策せずに泣き寝入りすることはあり得ない」

従うでもなく逆らうでもなく、抜け道を探す中国人の頭の良さには本当に感心します。

もちろん必ず抜け道が見つかるわけではありません。抜け道がないとわかれば、即あきらめてほかの方法で対策する必要があります。

私は、ボスのもとに通いはじめた頃にボスから「まずは自分でお金儲けをしてみろ」と言われ、一時期、情報販売をしていました。その時、Googleアドワーズに広告を出していたのですが、ある日突然、アドワーズが情報販売の広告出稿を禁止にしたのです。

私は一通り調べて抜け道はないとわかったので即ほかの方法に切り替えましたが、情報販売をしている知り合いの多くはアドワーズにこだわり、なんとかしようとあがいた結果、売上を

大きく落としてしまいました。

今の日本では、ある日突然社会のルールが変わることはありません。段階的に少しずつ少しずつ変えていって国民を慣らしていくのが日本流です。

そんな中で、日本人は瞬時に対策を打つ能力を失いかけているのかもしれませんが、ビジネスの世界は待ったなしです。社長に対策能力がなければ、会社も従業員も守ることができません。

「孔子さんの論語に『君子は貞にして諒ならず』という一節があります。君子はまじめでルール通りにするけど馬鹿正直ではないということ」

これもボスの教えです。真面目でありながら融通もきくのが、レベルの高い人ということですね。

■社長の心得…2

不安や悩みがある時こそ立ち止まってはいけない

私は経営者の相談にのることも多いですが、よくあるのは不安と悩みを混同しているパターンです。まずは分解していきましょう。

「不安」はまだ起こっていないことに対して感じる恐れです。未来のことは誰にもわからないのですから、あれこれ考えてもしかたがありません。不安を感じたら考えるよりも不安ゾーンから離れることが先決です。

不安ゾーンは危険なぬかるみ、長くいてはいけないゾーンなのです。ぬかるみの中で考え続けると、やがて足が抜けなくなり身動きが取れなくなってしまいます。

一方、「悩み」はすでに起こったことに対する困り事です。「悩み事」と言うように、具体的な事象として現れていますので対処すればよいのですが、そこで立ち止まるから悩むのです。対処法は必ず誰かが知っています。教えてもらって動くだけです。

いずれも適切に動くことが肝心。ここにも華僑の強さの秘訣があります。未知の土地に来て、最初は言葉もわからない、お金もない。不安も悩みもないわけはありませんが、彼らは何があっても立ち止まりません。

動きながら修正したり対策したりするからこそ、どんどん前進していけるのです。

■社長の心得…3

一喜一憂しない

「私が古典から学んだことは“自然に沿えば成功、反すれば失敗”。自然に反して無理にコントロールしようとするのがいちばん良くないね。たとえば、波。生きてるものには波があります。心電図とか脳波を見ればわかるように、我々人間も波があるのが普通で波がなかったら死んでます。生きてる人間がやるビジネスも波があるのが普通。良くなれば悪くなる、悪くなれば良くなる。上下しながら動いていくもんですから、上がった下がったといちいち騒がないことです」

私も起業した当初は売上が上がった、下がったといちいち一喜一憂していましたが、2年もするとボスの言う自然の波のリズムを読めるようになりました。

売上が下がった時はジタバタせず普段通りの営業活動をし、上がった時には顧客開拓や商品ラインナップの充実に努める。そうして波のリズムに合わせることで、上下しながらも着々と水位が上がっていくのです。

急に売上が上がった時は、一時的なビッグウェーブなのか水位そのものが上がったのかを見極める必要があります。

儲かったらすぐ贅沢に走る経営者も多いですが、私はボスの教えに従い、会社の成長とともに少しずつ生活レベルを上げるようにしています。

■社長の心得…４

上手くいっていることを変えない

「上手くいくやり方があるなら、それが上手くいかなくなるまで続けるのが通常ではないですか？　日本人はせっかく上手くいっていることをわざわざ捨てて、新しいことをしようとする。もったいない」

小さい会社の社長ほど、上手くいっているやり方を変えたがる傾向があります。売上が下がった時に不安にかられてジタバタしてしまうのです。

私は起業当時からファックスＤＭとWebサイトで集客するというやり方を変えていません。Webサイトはろくに更新もせず、最近まで放置していました。昨年、会社の規模に合わせてデザインは変えましたが、中身はほぼ初代サイトと同じです。

なぜなら、そのサイトだけで何億も売り上げたからです。問い合わせが多い月もあれば少ない月もありますが、長期的には営業マンよりもサイトからの売上のほうが多いのです。

私が長い間放置しているのを知って、「そろそろ変えたら」「いい業者を紹介しようか」などと、言ってくれる人もいますが、聞き流しています。

営業マンより優秀なサイトを変えるなんて、リスクのほうが大きいではありませんか。

周りの声に流されて上手くいっている方法を変える人は、自分軸がないということなのです。

華僑は良い意味で個人主義です。興味の対象が自分なので、周りが何と言おうと自分が良いと思えばずっと同じことを反復して続けます。

■社長の心得…５

「狡兎三窟」リスク分散のためにたくさんのビジネスを走らせる

「資金を１カ所に集中しないのは、華僑も中国人も共通です。古い諺で『狡兎(こうと)に三窟あり』とある。賢いウサギは巣穴を３つ持つという意味ね。中国では昔からリスク分散が当たり前なんです」

華僑は何をやって儲けているのか？　とよく訊かれますが、ハッキリこれだとは答えられません。

看板ビジネスだけで儲けている華僑は稀で、小さいビジネスをたくさん手掛けて全体で儲けるのが華僑的スタンダードだからです。

ビジネスの波に一喜一憂しない、という話を先に述べましたが、複数のビジネスを同時に走らせておけば、ひとつのビジネスの波が下がった時に別の波が上がります。たくさん波を作るほど全体で安定するのです。

多角化経営だなんだと、たいそうに考える必要はありません。たとえばネット通販をしているならひとつのポータルサイトでいろいろ売るのではなく、関連商品ごとに別サイトを作って波の上下が入れ替わるようにしておけばよいのです。

製品ライフサイクルで導入期・成長期・成熟期・衰退期があり、各段階で取り組むべき課題があると言われます。それはそれで取り組めばよいですが、衰退期があるという前提ならば、下がろうとする波をどうにかしようとするよりも、別の波（別の商品・別の売り方）でカバーするほうが合理的ですね。

〈波が重なって全体で安定する〉

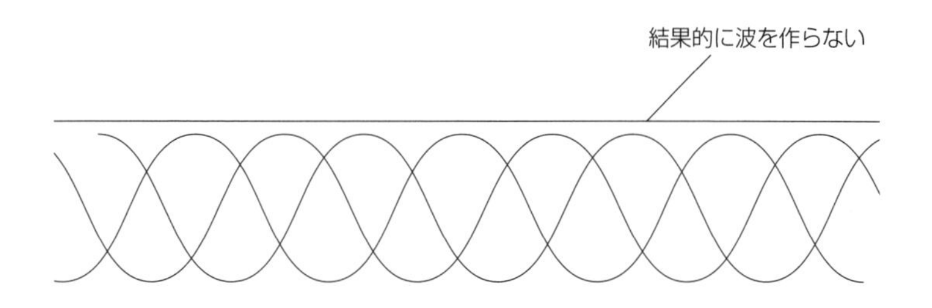

波のスキ間を小さくするのがポイント

■社長の心得…6

お金が入ってくる頭の下げ方

「社長の頭は下げるためにある」というのは一般的にもよく言われることですが、社長が頭を下げる＝謝罪をイメージする人が多いのではないでしょうか。

謝罪も社長の役目ではありますが、お金が入ってくる頭の下げ方も覚えたほうがよいですね。社長が「ありがとうございます」と言って頭を下げればお金が入ってくるのです。

鹿威し（ししおど）、または添水（そうず）と呼ばれる、竹筒で作られた仕掛けをご存知でしょうか。日本庭園などで見かけたことがあると思います。

竹筒に注がれた水がいっぱいに溜まると、重みで竹筒がお辞儀をするようにコトンと頭を下げて音を発するあれです。

循環している水が世の中を回っているお金、竹筒が自分だとイメージしてください。自分にお金が入ってきたら「ありがとう」と言って頭を下げる。お金は下に落ちますが、世の中を循環してまた自分に戻ってきます。

華僑とは関係ないようですが、私は鹿威しを眺めていて、ボスの言葉を思い出したのです。

「水はいろいろに形を変えて世の中を回っているけど、止まると腐る。お金も同じ」

■社長の心得…7

積み上げるより掘り下げる

「奪うより与えて結果的に自分が富む。このことが実践を伴って理解できたら、大城さんも一人前ですね」

私は、まだわかりかけの段階ですが、ボスの教えを自分なりに伝えられないかと、絵にしてみました。

まず砂場をイメージしていただきたいのですが、砂を積み上げて高い山を作ろうとすると、周りの砂を取ってこなければなりません。これは人から奪う行為です。

一方、砂を掘り下げて深い穴を作ろうとすると、掘った砂が穴の周りに溜まっていきます。これは人に与える行為なのです。

そして、積み上げた山の高さと、掘り下げた穴の深さが同じだとしても、穴のほうは穴の周りにたまった砂の高さが穴の深さとしてプラスされます。掘り下げれば人に与えて喜ばれ、なおかつ自分も得するということですね。

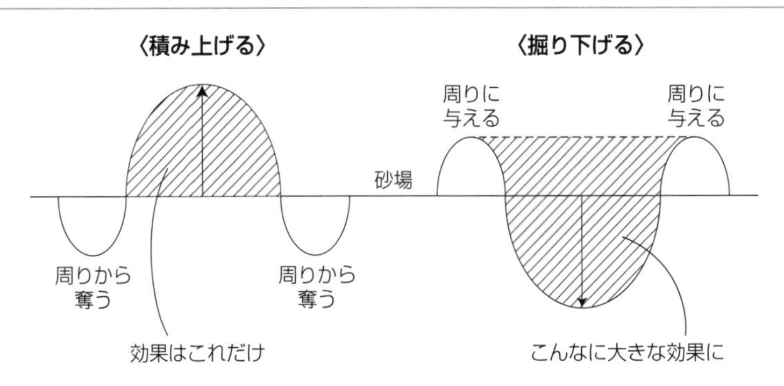

■社長の心得…8

途中でやめない

前項からの流れで掘り下げる話ですが、穴をどんどん掘り下げていけば宝を掘り当てる可能性もあります。石油もダイヤモンドも掘らなければ出てきません。

宝はたいてい地中深くに眠っています。この下何百メートルのところに宝があるとわかっても、そこまで掘り下げなければ手に入らないのです。

華僑は掘ると決めたら、宝が出るまでひたすら掘り続けます。しかし日本人は30メートルくらい掘ってやめてしまうのです。そして新しい穴を掘り始めます。

華僑はひとつの穴を掘り下げる、日本人は浅い穴をいくつも掘るわけです。

この穴は起業してから結果を出すまでのイメージです。浅い穴をいくつ掘っても、結果が出ないのでどれもビジネスにはなりません。

華僑は複数のビジネスを同時にやるといっても、それは軌道に乗ってからの話。最初は1つに集中して、結果が出るまで根気よく掘り続けます。

途中でやめずにきっちり結果を出すからこそ、次の展開も早いのです。

■社長の心得…9

「どちらかと言えば」をやめる

「日本人は曖昧の文化で、ハッキリものを言わない人が多いですね。文化としては尊重しますけど、いろいろ誤解多いし、曖昧だとすぐ行動に移せないというデメリットもあるんじゃないですか」

私もサラリーマン時代は曖昧な言葉を使っていましたが、起業してからやめました。

その代表が「どちらかと言えば」。

経験上わかったのですが、「どちらかと言えば」は中国人にもアメリカ人にも通用しません。

「どちらかと言えば、私はこっちですね」

「は？」

「いやあの、どちらかと言えばこっち」

「だからどっちなの？」

ハッキリするまで問い詰められます。

曖昧にしない＝ハッキリ決める、です。「どちらかと言えば」をやめると、何事においても決断が早くなるのです。

言葉を変えれば思考も行動も変わりますので、皆さんも曖昧言葉をやめて変化を楽しんでください。

■社長の心得…10

逃げないと決めたら
あとは知恵を絞るしかない

「華僑と中国人の違いは覚悟です。中国人は何か問題起こしたら逃げます。国土広いから逃げ果たせるんです。華僑は逃げません。簡単に逃げられないというのもあるけど、成功しないと国に帰らないと決めてるんだから、まず自分から逃げないんですね」

覚悟＝「悟りを覚える」。

私なりの解釈ですが、自分が到達したいところ、達成したい理念を常に自分に言い聞かせて“覚えておく”のが覚悟だと考えます。

覚えていたら怖くても逃げません。逃げたい状況でも逃げないということは、知恵を絞ってなんとかするしかないわけです。

私がボスから学んだ華僑の思考や成功法則はすべて、逃げない覚悟の上で培われ、伝わってきた知恵なのです。

私は元来怖がりなのですが、怖くてもめちゃくちゃ我慢して逃げないようにしてきました。逃げない訓練をしたのです。

社長は絶対に逃げない。困難があっても必ずなんとかする、というのはパートナーにも従業員にも伝わると思います。

それが私の最大の誇りと言えるかもしれません。

■社長のお金…1

ハンパなものは買うな

お金に余裕ができたら自分の快楽のために使う。家族に贅沢な暮らしをさせる。これはサラリーマンのやることです。

社長の貯金はまず会社のため。社長の財布は会社のためにあるのです。

「そんなこと言って、自分だってベンツに乗ってるじゃない。経費になるといっても無駄使いじゃないの？」と言う人が意外に多くてびっくりしますが、もちろん無駄使いではありません。

会社の業績が悪くなった時のための担保として（売却してビジネス資金に回す）、ベンツに乗っているのです。中古車市場を見れば一目瞭然ですが、ベンツは中古車ニーズが高く、新車ニーズの高い国産高級車のレクサスやクラウンと比べて売却時の買取価格が下がりにくいからベンツなのです。

また、私はできるだけ余剰人員を置くようにしていますが、その理由もベンツに乗るのと同じです。業績が良い時に重い足かせをぶら下げておくことで、業績が悪くなった時に足かせをはずして浮上することができるわけです。

というわけで、社長の持ち物は換金性が高いものでなければいけません。高級クラブで大枚をはたくのは馬鹿社長の代表ですが、中途半端な高級品を買うのも賢い社長とは言えません。

■社長のお金…2

社長が潤わなければ従業員を守れない

「昔ながらの家族主義の会社、私は素晴らしいと思いますね。中国人にはない日本人の強さです。ただ従業員を大事にしすぎて潰れる会社も多いから、そこは社長の考え方を変えんといかんわね」

家族主義的経営の会社にありがちなのが、従業員の生活を守ることを優先して、社長の報酬を抑えるケースです。これが危ないのですね。

親が死ねば子どもを救うことはできません。子どもを救うためにはまず親が生き延びなければならないのです。

私は、よくたとえ話で「酸素マスク」の話をします。まず自分がマスクをつけてから子どもにつける。自分が酸欠の状態では落ち着いて子どもにマスクをつけることはできません。自分がしっかりつけ終わらないうちに意識がなくなってしまったら親も子も助からないですからね。

「俺を信じてこんな小さい会社に来てくれたんだから」という想いは否定しませんが、しかし現実には小さい会社ほど社長の個人資産がないと守れないのです。

中小企業の社長のほとんどは、会社の連帯保証人になっています。会社が返済できなければ社長が返済しなければなりません。

ですから私は頑張って貯金を作ってきました。頑張ってというのは、会社の利益を上げて自分の報酬をしっかり取る＆贅沢をしない、です。

「利益を上げる」の中には自分が使う経費をケチることも含まれます。貯金が大事ですから、お金があっても家族に贅沢な暮らしはさせません。

社長が潤うといっても数字上の話で、自分の快楽のためではないということですね。

こういったことは従業員にもきちんと伝えるべきです。伝えなければ搾取されていると誤解します。私も経験がありますが、従業員による横領はたいていこの手の誤解が原因なのです。

また今、中小企業にお勤めの方は、ぜひ経営者の視点でお勤めの会社の社長を見てみてください。きっと見方が変わるはずです。

■社長のお金…３

最後に成功するために貧乏人の癖を残さない

「人間の評価は最後なんです。途中失敗しても最後に良かったらいいし、途中成功しても最後悪かったら悪い。イチから商売始めて金持ちになった人が気をつけないといけないのは、貧乏人の癖を引きずらないことです。貧乏人の癖を残したら最後に成功にはならない」

創業者として事業を成功させた立派な人でも、中身がその地位にふさわしいようになっていなければ、いずれしょうもないことに足をすくわれて最後にコケる。そんなところでしょうか。

どう見ても自分の子どもは経営に向いていないのに、他人に継がせるのが嫌で子どもに継がせるなども、貧乏人の癖と言えるかもしれません。

成金でも一目置かれる人は、攻めから守りへのチェンジを上手く行った人です。「成る」まではハッタリも必要ですが、成ったらそうした面を見せないのが賢い社長、勝者として評価される人なのです。

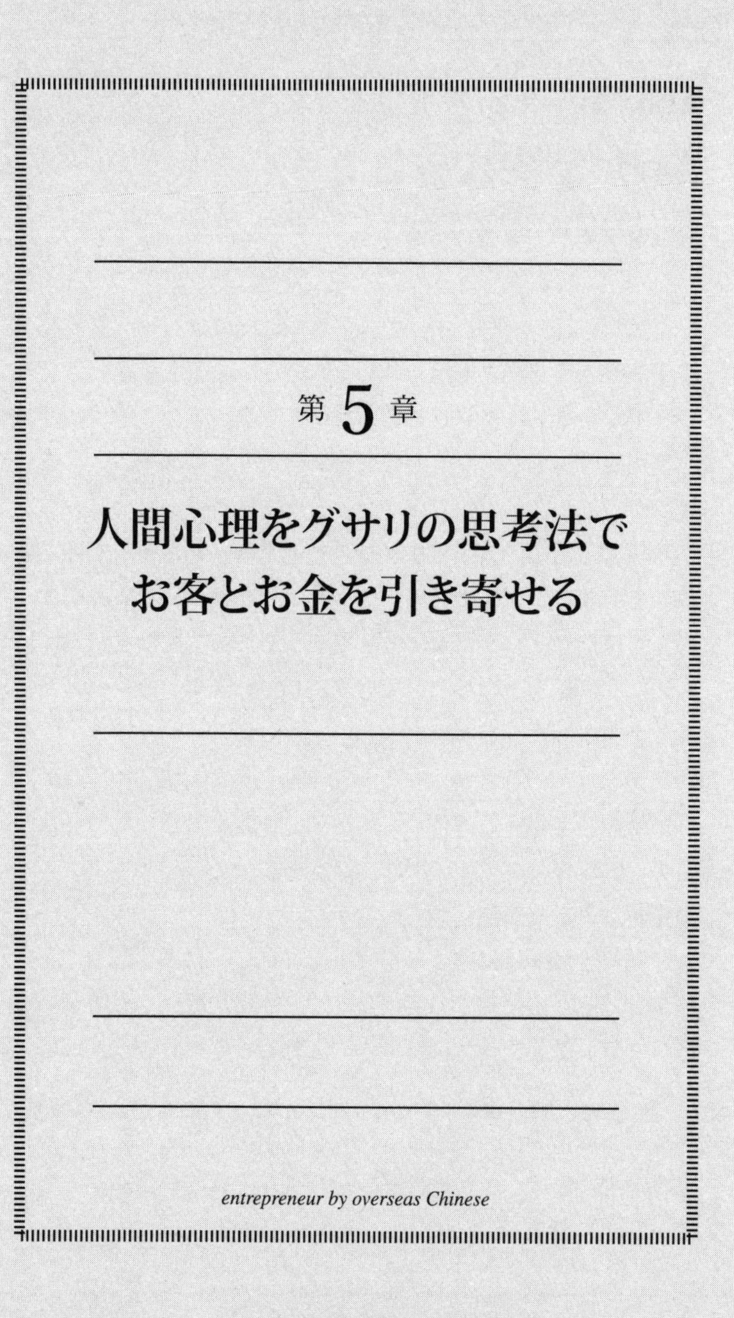

第5章

人間心理をグサリの思考法でお客とお金を引き寄せる

entrepreneur by overseas Chinese

■商売のタネの見つけ方…１

場所を変えると価値が変わる

ボスのもとでの修行中、中国の富裕層向けに日本の製品を輸出するビジネスを経験し、「場所が変われば価値が変わる」という現象をリアルに見ることができました。

富裕層が指名してくるのは、日本でもトップメーカー、トップブランドの製品に限りますが、日本では普通のサラリーマンでも買えるものが大半です。それを中国に移動させるだけで何倍もの高値となり、富裕層しか買えない高級品になるのです。

また華僑は、自分たちにとってありきたりなものを日本に持ち込んで価値を上げることにも成功しています。その代表と言えるのが中華料理です。

華僑の店で供する料理は、本国ではご馳走でもなんでもないごく一般的な家庭料理ですが、家庭料理だからこそ日本では「本格中華」という価値がつくのです。

中華料理は華僑によって世界中に普及し、日本でもリーズナブルで美味しいと愛されていますが、華僑が経営する中華料理店の味はおそらく永久に特別扱いされ続けるでしょう。

海という城壁に囲まれ、外部からの侵攻を受けにくかった日本では、場所を変えてみるという発想が生まれにくかったのだろうと思いますし、その発想はまだまだ欠けています。そこにチャンスありです。

場所軸＋時間軸を合わせる

「同じことをして上手くいく人と上手くいかない人がいるのは、地の運もあれば時の運もある。どちらも大事」

運といっても天命にのみ委ねるのは華僑流ではありません。世の中の動きを読み、時代を読み、チャンスがあるところへ自ら動いていくのが華僑です。

前項で場所軸を移せば価値が変わると述べましたが、物に限らず人の価値も同様です。人が持つリソースの価値も変わります。そして場所軸を移すということは時間軸を移すことでもあるのです。たとえばアメリカは日本よりさまざまな面で進んでいます。中国はＧＤＰでは日本を抜きましたが、まだ遅れている部分もあります。

わかりやすいのは技術者です。日本がものづくり大国と呼ばれ、職人や技術者がもてはやされたのは昔のこと。異論もあるでしょうが、現在の日本で価値が高いのは、物を作る人より物を売る人、セールスやマーケティングができる人でしょう。

しかし中国では今技術者が不足しています。であれば、中国へ行けばよいのです。韓国やインドへ行けばよいのです。もしくは日本にいたままで儲けたいと思うなら、セールスやマーケティングのプロになればよいのです。

場所軸と時間軸を合わせていくことで、自分がどこで何をするべきかが見えてくるはずです。

■商売のタネの見つけ方…３

事実と現象の間にビジネスチャンスがある

「感情を入れるな」

これは何度もノートに書いた大事な教えのひとつです。感情を入れると判断を間違える。だから事実と現象だけを見る訓練をしろと。

その訓練の中で発見したのが「事実と現象の間にビジネスチャンスが見えてくる」ということです。

我が社の主力商品はオリジナルのデンタルユニット（歯医者さんのイス）で、デザインにこだわり、価格はセルフメンテナンスを前提として他社製品の約半額に抑えています。

これは、「デンタルユニットは高価である」という事実と、「設備が新しく清潔な医院に患者が集まる」という現象の隙間を埋める商品なのです。

従来、医院さんとしては高額な機械を頑張って買うか、患者離れを心配しつつ古い機械を使い続けるかの選択肢しかありませんでした。そこへ、頑張らなくても買える価格で見栄えもよい商品が登場したとなれば、メンテナンスの手間くらいは我慢してくれます。

また、新しく清潔な機械を安く提供するのは何よりも患者さんのメリットになります。我々としても高い志を持って仕事に取り組むことができるのです。

■商売のタネの見つけ方…4

ニーズではなく
メリットから出発する

「お客さんのニーズを考えろと言いますが、お客さんの要求を満たしたら必ず売れるか？　違いますね。なぜならお客さんは自分が欲しいものを本当はわかってないんだから。あなたが欲しいのはこれでしょうと、こっちから気づかせてあげないと」

我が社が扱うデンタルユニットも然り。歯医者さんの要求をすべて反映していけば余計な機能がどんどん増え、製品価格もアップします。それをワンランク上の高級ブランドだと言ったところで、歯医者さんの自己満足を満たすほかにメリットはありません。

患者さんは、新しく清潔な設備でスムーズに治療を受けられるのが良いのであって、スペックや値段をアピールしても患者さんには響かないのです。

そこで私は、自社製品の開発にあたり、ニーズではなくメリットを徹底的に考えました。

その結果、出来上がったのが「歯医者さんが儲かる」というメリットが得られる「格安でお洒落」なデンタルユニットです。経費を減らして患者さんを増やせば儲かりますので、その両方をかなえる製品を作ったわけです。

あとはそのメリットをお客さんに伝えるだけ。「あなたが欲しいのはこれでしょう」と提示してさしあげるだけです。

■商売のタネの見つけ方…5

特長ではなく メリットを伝える

我が社の製品はお客さんにとってのメリットが明確ですので商談もスムーズです。しかしそれにもかかわらず商談をまとめられない営業マンがいます。

本人も悩んでいるので「どのようなトークをしているのか？」と訊ねてみたところ、製品の特長をひたすらアピールしていることがわかりました。せっかくのメリットを言わず、この機能が使いやすいだの、こんな新技術を採用しているだの、特長ばかりアピールしているのです。

特長をアピールしてはいけないのではなく、忘れてほしくないのはメリットに置き換えて伝えることです。

たとえば従来別売りの機械がユニットに標準装備されているという特長を説明する時は、「お得」「使いやすい」ではなく、「機械を運ぶ手間を省けるので患者さんを待たせない」「待たせないから患者さんを怖がらせない」という患者さん側のメリット、つまりは患者離れを防ぐという医院側のメリットを伝えることが大切なのです。

自分が客の立場になった時も、特長ではなかなか決められません。たとえば家電量販店を訪れた時などに、スペックや値段の比較ばかりだとうんざりします。もし販売員が私にとってのメリットを説明してくれたら、その販売員が勧める商品は「私が欲しい商品」になる。そういうことです。

■商売のタネの見つけ方…6

人が困っていること
＝面倒くさいこと

「我々から見たら商売のタネなんてそこらじゅうに落ちてます。世の中、困ってる人が必ずいるんだから」

人が困っていることを解決してお金を頂戴する。これは古今東西共通のビジネスの基本です。起業したいが何をやればいいのかわからないという人は、まず自分や周りの人の困りごとからビジネスのタネを探してみてはいかがでしょうか。

難しく考えないでください。人々が困っていることの大半は、実は“面倒くさいこと”なのです。やろうと思えば自分でできる。でも面倒くさいからやりたくなくて困っている。つまり「簡単だけど面倒なこと」を発見して代わりにやってあげればよいのです。もちろん作業は「作業する人」（48ページ）の役割です。

ハウスクリーニングやペットの散歩代行などは、まさにそれです。と言うと、「めちゃくちゃレッドオーシャンだ」という声が聞こえてきそうですが、ライバルが多いマーケットには確実にお客さんがいます。

競争があるからこそマーケットが活性化するのですし、何よりすでに世間に認知されていますから「ハウスクリーニング代行とは……」などの説明がいりません。

出来上がったマーケットに乗っかるだけでビジネスが成り立つのですから、レッドオーシャンを避ける必要はないのです。

■商売のタネの見つけ方…7

周囲の人に訊いてみる

人は簡単なことを面倒くさがるくせに、難しいことには頑張って取り組むものです。つまり、自分ができても人ができないことが意外とあるもので、当然それもビジネスのタネになりますね。

ボスは若い頃からあらゆる物事をテストの材料として経験を価値あるノウハウに変え、お金に変えてきました。人ができなくて困った時こそボスの出番というわけで、ボスの事務所は毎日行列です。

しかし、一般的には自分のこととなると当たり前すぎてなかなか気づきません。

そこでお勧めなのが、周囲の人に「訊いてみること」です。

友だちや後輩などに「僕にやってもらって嬉しかったことって何？」と訊いてみてください。人に見い出されるのを待つよりも、ずばり自分から訊いてみるのが早道です。

私の場合、友だちに訊ねてみたところ、「サテライトブログの作り方を教えてもらったこと」「セールスレターの書き方を教えてもらったこと」という答えが返ってきました。

なるほど、自分のビジネスのために勉強したことそのものもビジネスになるんだなと。もう何年も前の話ですが、儲けの糸口を見つけるのは意外と簡単だなと思ったものです。

― The boss's wise remark ―

「正しいこと」は
ひとつではない

自信満々でリーダータイプの人は
周りから反論されることが少ないものだから
とくに若いうちは自分が正しいと信じることが正しい、と
思い込んでることも多いですね。
でも本来、「正しいこと」は一定ではないんです。
時代や場所によっても変わるし、
場合によっても変わるものなんです。
自分が正しいと思っても結果に結ばなければ
うまくいきません。
そういう意味では、
「よい結果に結びつくか？」が
「正しいこと」のひとつの基準になるのではないですか。

■無意味な戦いをしない…１

敵とライバルは違う

「私たちの敵は誰だと思う？」

新しい社員が入ると、私は必ずこの質問をします。すると新入社員は、どこそこメーカー、どこそこ販売店と、同業の社名を挙げます。

「同業は敵じゃないよ、ライバルだよ」というところから指導していくわけですが、経営者でも敵は同業他社だと勘違いしている場合が多いですから、新入社員が間違えるのは当たり前です。普通に教えたのでは記憶に残らないので、わざと質問しているのです。

では我が社の敵とは誰なのでしょうか？　最もわかりやすいのは「銀座の高級クラブ」、つまり我が社のお客さんを散財させる店です。我が社の理念は「安全・安心な歯科医院を応援する」です。

医院の経営を楽にして、浮いた予算を集患に回し、利益を増やして安心・安全な治療を実現してもらいたい。そのために格安の機械や器具を開発・提供しています。

そこで浮いた予算や増えた利益をほかの関係ないところで使わせるのが敵です。お客さんを誘惑して、何も残らないかたちで消費させるのが敵なのです。

じゃあどうするか？

敵と戦う必要はありません。お客さんに対して、まずお金を生むほうにお金を使い、経営を安定させて自由に使えるお金を作る道筋を教えてあげればよいのです。

■無意味な戦いをしない…２

いちばんカシコイ人は３位を狙っていく

「中国人は皆ナンバーワンになりたい。でも華僑は１位取れても人に譲るくらいですよ。１位取ったら必ず狙われるんです。『三国志』の曹操(そうそう)も１位取ったのはすごいけど、結局殺された。死んだら意味ありません」

知名度ゼロのベンチャーから業界１位を目指す！

そんな壮大なロマンをかなえられるのは、ほんの一握りの天才だけです。そして天才でさえも、１位の戦い方・守り方を知らなければ、あっという間に潰されてしまいます。まさに『三国志』の曹操のように。それほどに１位と２位以下の違いは大きいのです。

では２位を狙えばよいのか？

それもＮＯです。

知名度も資本力も乏しいベンチャー企業がライバルとして狙うべきは業界３位の企業、取りにいくべきは３位のポジションなのです。

１位：常に狙われる立場
　（知名度と資本力で２位・３位を抑える）
２位：１位を倒すことに注力し、３位は眼中にない
　（３位への対策を考えていない）

３位：１位はライバルにならない
（価格勝負の消耗戦には参戦しない）
→自分たちの戦い方ができる

３位は１位とは戦わず、２位から攻撃されにくく、値下げ合戦に巻き込まれずに自分たちの戦い方ができ、その上それなりのシェアを獲得できるという、おいしいポジションなのです。ですから３位を取ることができればＯＫで、２位を狙う必要はありません。

２位になったら１位からライバル視されますので、それよりも下位の企業と手を組むなど、３位ならではのやり方で足元を固めるのが賢いですね。

■無意味な戦いをしない…３

嫌われても
憎まれるな

「華僑は世界中どこへ行ってもお金で認められますけど、よくわからない存在と思われて嫌われることはあります。嫌われるのはいいんです。お互い無視で済むから。でも憎まれたら邪魔される、攻撃されるでしょ」

憎まれる行為とは何か？

それは"横取り"です。卑近な例ですが、男女間で振られるのは諦めもつくとして、誰かに横取りされたとなれば納得いかないでしょう。横取りすれば必ず憎まれ、報復の対象となるのです。

話をビジネスに戻すと、格安商品を扱う我が社は、同業他社から嫌われはしますが、お客さんを横取りはしていないので憎まれることはありません。

我が社のお客さんとなるのは主に、高価な機械と集患（患者さんのメリット）がイコールではないとわかっている医院さんです。

医院さんに新しい機械が入って喜ぶのは誰でしょう？　一番喜ぶのは患者さんなのです。

同業のライバルにとって我が社は目障りかもしれませんが、患者さんが喜ぶことを潰すのは自分たちのマーケットを潰すも同然。ですから我が社は嫌われても憎まれはしないのです。

"横取り"についてもっと一般的な例を挙げると、相見積りになった場合の安売り競争も横取りと言えます。安売りで契約を取ればライバルから恨まれ、自分も疲弊してメリットなど何もありません。

■お客様＝消費者ではない…１

消費者だけをしている人はいない

華僑のビジネスに「顧客心理」や「消費者心理」という言葉は出てきません。華僑が言うのは「生活者心理」です。誰しも誰かのお客さんとなってモノやサービスを購入し、お金を消費しますが、消費者だけをやっている人は存在しません。消費は生活の一部にすぎないのです。

お客さんを生活者として見れば、生活のシーンが見えてきます。生活のシーンには、お客さんの家族、友だち、彼氏彼女、仕事で関わる人々、さまざまな人が登場します。その人たちは言うなれば「お客さんのお客さん」です。

「お客さんのお客さん」はBtoB（会社対会社）のビジネスでよく言われますが、BtoC（会社対消費者）でも同じです。たとえば女性が化粧品を買う目的は？　キレイになるためですね。ではキレイになる目的は？　誰々にキレイだと思われたいから。「誰々」は片思い中の男性かもしれませんし、同僚の女性かもしれません。お客さんがきれいだと思われたい相手が、「お客さんのお客さん」です。

ビジネス書を買うサラリーマンのお客さんは、おそらく上司でしょう。ビジネス書から得た情報や知識によってスキルアップし、上司に認めてもらいたい。消費のシーンではなく生活のシーンから、生活者としての深層心理を読むことができればビジネスは楽勝なのです。

人は消費者よりも生産者をしている時間のほうが長い

「消費者」の対義語は「生産者」です。仕事をしている人は消費者でもあり生産者でもありますが、時間の割合で考えると生産者をしている時間のほうが圧倒的に長いはずです。

極端に言えば、月～金曜は生産者、土日は消費者です。ということは、多くの人は消費者よりも生産者の気持ちのほうがわかるわけです。

自分が消費者になった時に、多少なりとも生産者のことを考えますし、モノによってはこういう生産者から買いたいと生産者を調べることもあります。であれば、生産者のストーリーやメッセージを伝えれば効果的ですね。

そこでありがちなのが商品開発にまつわる苦労話でしょう。ですが、華僑は苦労話は持ち出しません。なぜなら、苦労話はともすれば自慢や押しつけになってしまうからです。また皆さん、生産者として日々苦労していますから、しんどい話は聞きたくないのです。

消費は快楽でもありますので、「あなたの役に立つように、あなたやあなたの大切な人が幸せになるように」といった明るく夢のあるメッセージやストーリーがベター。ここでも、お客さんを人間として、生活者として見る華僑の視点を活かせば、お客さんに響くメッセージが浮かんでくることでしょう。

■お客様＝消費者ではない…３

「お客様の意見」をいくら聞いてもお客様は買わない

お客さんが欲しいものを知りたければ、お客さんに直接聞け。人対人のコミュニケーションを重視する華僑ならそう言いそうなものですが、実は逆で、「お客さんの意見は聞かない」のが華僑の常識です。

私はデンタルユニット（歯医者さんのイス）を改良するにあたり、ある歯医者さんに意見を訊いたことがありますが、これが大間違いでした。

「ここここを改良したらいいと思う」との意見を取り入れ、金型から起こして200万円くらいかけて改良しました。ところが意見を出してくれた歯医者さんは、改良した商品を買ってくれなかったのです。

「訊かれたから思ったことを言っただけで、買うとは言ってない」と。しかも、他の歯医者さんからは、改良した部分が使いにくいと不評でさんざんでした。

そこでボスに言われたのが、「機械のプロはどっちですか？プロが素人に訊いてどうするんですか？」。

そう、歯医者さんは歯の治療のプロではあっても、機械のプロではないのです。こちらは機械のプロとして「この機械はこういうふうに使えばいいですよ」と教えてあげる立場なのです。

日本の企業の多くは、私と同じ間違いをおかしながら間違いに気づいていません。どこを直してほしいか、どんな機能が欲しいかなど、お客さんにやたらとアンケートを取り、改善に役立てようとしています。

ところでAppleやGoogleはどうでしょう？　ユーザーの意見など一切訊いてきません。詳しい説明書もなく、ものすごく不親切です。でもみんな使っていますよね。

今勝っている企業は大概そうなのです。お客様の意見は訊かない。そして機能の説明ではなく、「こうやって使おう」というメッセージを発信しています。

勝ち組企業がリサーチしているのはライバル企業です。ライバルの研究をして、一歩先を行くものを開発する。ですからお客さんはすぐにはついていけませんが、「こうやって使うんだよ」と教えられて、「ああなるほど」とわかって追いついてくるわけです。

お客さんは意見を訊くべき相手ではない。こちらがプロとして教えてあげる相手なのだということを、華僑は昔から原則として心得ているのです。

■お客様＝消費者ではない…４

カスタマーをクライアントにする

「私のお客さんはクライアントです。カスタマーじゃない。だから誰も文句など言いませんよ。意味わかりますか？」

クライアントもカスタマーも「顧客」と訳されることがありますが、「消費者」の意味を持つのはカスタマーです。世界から見て日本は他に類を見ないくらい消費者の立場が強いですから、カスタマー様は言いたい放題です。このあたりでボスの言葉の意味がおわかりになったかと思います。

私は、カスタマーとの取引は商品購入までと考えています。購入の瞬間からお客さんは私たちのクライアントになるのです。

私たちは機械のプロとしての責任がありますので、私たちにとって機械を購入したお客さんは守るべき対象なのです。ですからトラブルがあればすぐに駆けつけます。お客さんのお客さんに対してメリットのある使い方やメリットのアピール方法もお教えします。

もちろん購入後もカスタマーの立場で好き放題に文句を言うお客さんは一定数います。そういう方にはクライアントとして守られるメリットをお話ししますが、それでも納得してもらえなければ今後取引をしない。そう決めておけばよいだけの話です。

お客様は友だちではないからこそ無理をさせてはいけない

華僑は友だちや仲間とその他をハッキリ分けます。お客さんは当然、その他です。割り切ってつき合う相手ですね。

それは日本人も同じだと思いますが、割り切った関係と言うと、相手のことは考えない、無理をさせても取れるものを取ればよし、そういう感覚が強いのではないでしょうか。

対して華僑は、割り切っているからこそ、相手に無理をさせないのです。友だちや仲間には無理を言ってもＯＫ。友だちは後でフォローすればよいですが、割り切った関係のお客さんに無理を言えば、そこで関係が終わってしまうからです。

たとえば、月額10万円のサービスと３万円のサービスがあるとします。そこでお客さんに無理をさせて10万円のサービスを買わせれば、次月はキャンセルされる可能性が高いでしょう。しかし無理のない３万円のサービスであれば、継続してもらえる可能性が高い。４カ月継続してもらえれば、10万円１回きりの取引よりも儲かることになります。

たとえ10万円のサービスを継続してくれたとしても、無理があるならストレスがたまります。無理をする代わりに営業マンにストレスをぶつけたり、接待を強要するなど、面倒なお客さんになってしまう恐れもあります。そういった割り切りとは逆の面倒くさいつき合いに辟易（へきえき）している人も少なくないのではないでしょうか？

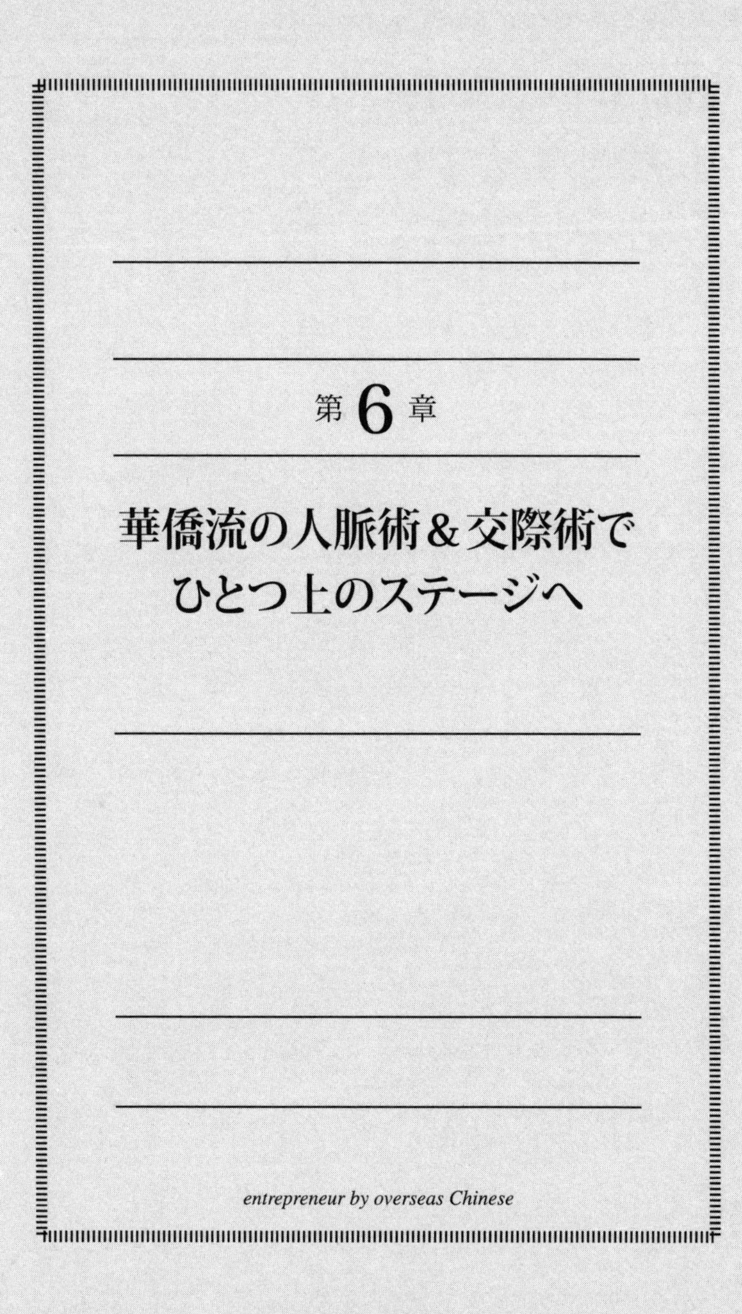

第6章

華僑流の人脈術＆交際術で
ひとつ上のステージへ

entrepreneur by overseas Chinese

■可能も不可能も人間関係次第…１

人間は生きている、ルールは死んでいる

「人間は生きている、ルールは死んでいる」
ボスからの大きな教えのひとつです。

ルールより人間優先なのが中国人の社会。華僑も同じです。日本の国のルールには従いますが、人間同士のルールは人間関係の中で作っていくものだと考えています。あなたと私で作っていこうと、非常に前向きなのです。
「ルールは死んでいる」というのは、誰かに作られたルールなど役に立たないということです。

ボスいわく、「中国ではルール通りやる人はアホです。頭を使って工夫して困難を成しとげるのが人間でしょ」。

ルールを優先すると可能性の低いことも、人間同士で話せば意外とすんなり通ったりするものです。
私の商談を初めて見た人は「まさか！」「あり得ない！」を連発しますが、私は生きている人間としっかり話をしているだけです。ここでこれを言うべきではないなどの「雰囲気ルール」のほうを気にする日本人からすると、あり得ないかもしれません。

ビジネスの話ができるのが「友だち」

「『在家靠父母、在外靠朋友』。これ中国の諺です。家にいる間は親に頼る、大人になって外に出たら友だちに頼る。外で頼る友だちがいなかったらビジネスも上手くいかない。それが中国人の常識なんです」

外国で暮らす華僑は、とくに友だちを大切にしますが、遊ぶのが友だちではありません。会えばビジネスの話ばかり。ビジネスの話や情報交換がいちばん盛り上がるのです。

お互いにビジネス中心で考えていますので、仕事でドタキャンなどもぜんぜん気にしません。

ドタキャンが続いても「あいつ、つき合い悪いね」とは誰も言わず、「あいつ、頑張ってるね」と讃えます。いわゆるドリームキラー（夢や目標を壊したり邪魔したりする人）がいないのです。

そんな華僑の友だち関係は、私にとっても心地よいです。

反対に、つき合いが大事だと言って、仕事よりも友だちを優先する人は要注意です。もし自分がそうであれば、自分がドリームキラーになっているかもしれません。

■可能も不可能も人間関係次第…３

100枚の名刺をもらうより人脈豊富な３人と友だちになれ

「人脈作るといって闇雲にあちこち顔を出す人がいますけど、100枚、1000枚の名刺をもらってもつながりが生きてないと意味ない。お金と時間使ってゴミつかむようなもんです。それより人脈たくさん持ってる３人と友だちになったほうが、賢いじゃないですか？」

自分が直接大勢とつながらずとも、人脈豊富な３人とつながっておけば、必要な時に必要な人を紹介してもらえるでしょうと。なるほどです。

ボスほどの大物になれば人脈は自然に集まってきますが、普通の人が努力によってたくさんの人脈を作るのはかなり大変なことです。向き不向きもあり、少なくとも私は向いていません。

人脈豊富な人は、人脈を生かし続けるためにかなりの努力をしています。お金も時間も使っています。人脈はリソースなのです。人脈というリソースを持つ人は、もちろんその価値をわかっていて、ほかのリソースとの交換を狙っています。

人脈を使わせてもらう代わりに、自分のリソースを提供すればお互いWinWinになるのです。

人の後ろを見る

「初対面の人に根掘り葉掘り訊くのは失礼、これ日本人の考え方ですね。中国社会では訊かないほうが失礼なんです。何も訊かなかったら、あなたの価値ゼロと言ってるようなものですから。女性にも出身、年収、年齢、何でも訊きますよ」

中国人は売上でも年収でも平気で数字を“盛る”傾向があるので、こちらもその前提で話を合わせないといけませんが、相手に興味を持って訊く姿勢は見習っています。

とくに華僑がうまいなと思うのは、当人のことだけでなく、家族、親族、友だちの職業まで詳しく訊いて覚えていることです。

話している当人は一見平凡でも、後ろでビッグな人とつながっている可能性がないことはないからです。逆も然りで、華やかな人脈をひけらかしていても、実際は薄いつき合いしかしていないというケースもあります。

要は“その人だけ”を見て判断すると間違うので、“その人の後ろも見ろ”ということですね。ですから華僑は自分より目下の人との縁も大切にして、しっかりと情報を取りストックしておくのです。

■可能も不可能も人間関係次第… 5

生きた情報は人が持っている

「同じ日本にいて日本人より華僑のほうが商売上手くいく。ひとつは情報の違いですね。インターネットの情報はどうでもいい。本当に価値のある情報は人が持ってるんだから。日本人は親戚同士でも遠慮するくらいだから、生きてる情報が取れないんです」

ボスがよく例に挙げるのは、姉妹の旦那さんの話です。

姉妹は仲がよくても、その旦那同士はなかなか打ち解けず、自分の仕事の話はあまりしない、相手の仕事の話を詳しく聞こうともしない。

確かに日本では、親戚同士で突っ込んだ話はしない傾向がありますね。業界も仕事内容も違うのだから話したって無駄、面倒くさいという気持ちもあるでしょう。

華僑は真逆で、「自分と違う仕事をしている人こそ貴重な情報源、知らない情報を得るチャンス！」と考えます。

ですから遠慮なく突っ込んで尋ねますし、助けてもらえることがあれば求め、自分が助けられることがあれば提案します。姉妹の旦那さん同士が組んでビジネスを始めることも珍しくありません。

人から情報を仕入れるという基本を、我々は忘れているだけなのです。ネットから離れて人と話す時間を増やすだけで、早く起業できるかもしれませんよ。

■可能も不可能も人間関係次第…６

「人算不如天算」打算は余計

「大城さんは誰々が何できるとか、誰々は役に立たないとか計算しますけど、計算必要ない。華僑は合理主義で損得計算しているように思われるかもしれません。でももっと高いところは“人算不如天算”。人が計算しなくても天が計算してくれるということですね。やるべきことちゃんとやってたら自動で計算されるんです」

私は人の能力や地位を計算してつき合う相手を選ぼうとしてきましたが、ボスの教えを受け、起業して実践する中で「来るもの拒まず」もよいなと思うようになりました。

選んでも期待通りにはならず、選ばなかった人がパートナーになるなど、まさに天算にはかなわないと実感しているからです。

つい最近も、意外な人物を通じて今の私のレベルでは相手にしてもらえないはずのビジネスの話が進むという大物ミラクルが起きました。

天の計算は壮大ですから答えはすぐには出ません。そしてボスいわく、「偶然はない、すべて必然」。だからこそ間口を大きく構えることも、日々の何気ない小さなやりとりを大切にすることも、大事ですね。

■貸しを作るより、借りを作れ…1

自分より上の人にこそ“借り”を作ってどんどん返せ

「華僑にとって人間関係より重要なことはないくらい。コミュニケーションは生きていくための実用の知恵です。そのひとつが“貸し借り”ね。自分弱いうちは強い人に借りないとできないでしょ」

ボスからのいちばんの学びと言えるのが、“貸し借り”です。ノートには1回しか書いていませんが、見返さなくても絶対に忘れないインパクトと実用性がある教えなのです。ですからここではページ数を割いてしっかりお伝えしたいと思います。

まず年収の話をします。

「自分を含めて友だち5～6人の平均年収が自分の適正年収」という説や「自分より年収の高い人とつき合えば自分の年収も上がる」という説を聞いたことがあるかと思います。

だから自分より年収の高い人と出会いたい。私もそう考えてセミナーやパーティーに参加したり、人に紹介を頼んだりしました。

問題はそこからです。出会えたはよいものの、その人が私を相手にしてくれるでしょうか？　私とつき合ってくれるでしょうか？

私がその人に与えられるメリットなど何もありません。

貸し借りで考えると、自分よりレベルの高い人に“貸し”を作ることなど無理なのです。しかし弱い立場だからこそ“借り”を作ることはできます。

借りを作る目的は、返す機会を得ることです。「お借りしたものを返しにきました」と言えば、邪険（じゃけん）にされることなく会ってもらえます。

さらに「私のレベルではあなたからの借りは１回では返せないので、10回に分けて返します。今日は10分の１返しにきました」と言えば、何回も会ってもらえますね。

また、日本人で自ら借りを作ろうという人は稀ですので、“デキるやつ”として顔と名前をばっちり覚えてもらえるでしょう。

■貸しを作るより、借りを作れ…２

借りを返しながら自分もレベルアップする

何を借りるかは相手のレベルや、相手との関係性によります。何度か顔を会わせる可能性のある相手であれば、自販機の缶コーヒーをおごってもらって後日ランチでお返しする、そんな小さなところからでもＯＫ。

ただ、自分が楽に返せないくらい大きめに借りたほうが効果的ではあります。

たとえば、普段から銀座の高級クラブに通っている人に「一度でいいので私を連れていってください」とお願いするなどですね。

それで10万円おごってもらったならば、１万円ずつ10回返しに行く。10回返し終わっても「私の知らない世界を見せていただいたので、まだまだ借りを返しきれていません」と言えば、その人とどんどんつき合っていけるわけです。

お金を返し続ける必要はありません。偉い人はお金や物より情報や人を欲していますから、リサーチして、その人が求めている情報を集めたり、役に立つ人を紹介することができればお金よりもずっと喜んでもらえます。

そういった努力を重ねることで自分もレベルアップし、いつしか背伸びしなくてもひとつ上のステージに手が届くようになっているのです。

■貸しを作るより、借りを作れ…３

すぐに返さず
チャンスを待つ

「日本人は何かしてもらったらすぐに返す習慣ありますね。お祝いのお返しもルール決まってます。華僑は中国式で、お祝いもらってもすぐには返しません。いつかの機会に多めに返すのが通常なんです。日本式は楽ですけど、すぐ返したらすぐ忘れる。ずっと覚えてる中国式のほうが人間関係でいえば良いではないですか？」

続けてボスはこんなエピソードを教えてくれました。

中国のエリート会社員が街頭で靴磨きを頼むと、靴磨きの少年が言いました。

「私によい道具を買ってくれませんか。私に投資してくれたら利息をつけてちゃんと返します。旦那の靴磨きも安くします」

会社員は面白い少年だと思い道具を買ってあげ、少年は約束通りに返済しました。

それから十数年後、会社員はグループ会社の社長になっていましたが、会社が倒産の危機に陥り困っていました。そこへ現れたのが、いつかの靴磨きの少年（もちろん大人になっています）。すっかり立派になった彼は、「あの時の恩返しがしたくて機会を待っていました」と言い、倒産寸前の会社を買い取った、というエピソードです。

単なるメルヘンではなく、中国では実際に10年後、20年後の恩返しで恩人を助けたり、それがきっかけで大金持ちになった人がたくさんいるそうです。

恩返しのスケールが日本人とはケタ違いです。

■貸しを作るより、借りを作れ…４

お金を借りられるのも能力

「日本人は人からお金借りるのに抵抗あるけど、中国の若い人は自分試したいからどんどんお金借ります。人から借りられることも能力なんです」

私は最初の起業時に親戚に頼んでお金を出してもらいましたが、その話をすると日本人の多くは複雑な表情を浮かべます。そこで突っ込んで質問してみると、皆、親戚には頼みづらいと言うのです。

普段密なつき合いをしていないとしても、赤の他人ではない親戚に頼めないなら、誰に頼むのだろうかと私は不思議に思うのですが。

「親友とはお金の貸し借りをしない」と言う人も不思議です。いざという時に助け合わないのは、お互いに信用していないということではないでしょうか。

私は、身近な人からもお金を借りられない人は絶対に本人に問題があると考えています。借りられないのは自分の信用がない、自分が認められていない証拠です。

自信があるなら堂々と人からお金を借りて、借りた以上に返せばよいのですから、まず自分が人から信用されるように生きているかどうか、です。

ちなみに華僑や中国人は、「先祖に恥じない行動をしているか？」を指針としています。やはりスケールが大きいですね。

■華僑の処世術…１

ダブルブッキングも使いよう

「食事に誘われて行くと全然知らない人がいる。我々華僑にとっては最高にうれしいプレゼントです。リラックスの場で新しい友だちできるんだから。日本人はどうですか？　おそらく喜ぶより自尊心傷つけられたと思う人が多いですね。事前のお伺いもなしにいきなり失礼ではないかと」

華僑社会では会食の席に知らない人がいるのはごく普通のことですが、日本人はたいてい不審がります。

Ａ社の営業マンから誘われた接待の席に見知らぬＢ社の営業マンがいるとなれば、ダブルブッキングだと怒る人もいるかもしれません。

しかしＢ社の営業マンが、その人にとって役立つ人であれば話は違ってきます。

プライベートでも何か困っている友だちと会う時、困り事を解決できる人を連れていくと喜ばれるはずです。

日本人の場合、いくら相手にメリットがある人でも事前に了承を得るのが一般的ですが、ボスに言わせると「言ったらダメダメ。言う人はレベルが低い」。

事実、サプライズの上手な使い方を身につけると、確実に一歩、成功に近づけます。

■華僑の処世術…２

呼ばれたら
財布を持って走れ！

　中国の官僚が来日した時など、ボスは必ず私を接待の席に呼びました。駆けつけた私の役目は全員の食事代を支払うことです。もちろん自腹。その代わり、偉い人を紹介してもらえます。

「私が大城さんを呼んで大城さんがすぐに駆けつける。そうしたら私が何も言わなくても大城さんは私の弟子だと示せる。そしたら大城さんは偉い人たちから、本来借りられないことも借りられる。そのメリットを考えれば食事代なんて大したことないでしょ」

　収入が不安定だった当時の私にとっては、目から鱗というより目から涙でしたが、ボスのおかげで“貧乏な時こそ自分のお金を人に使ってもらう”ことを覚えました。
　ボスのもとで実践させてもらわなければ、ビッグチャンスを逃していたかもしれませんので、財布はからっぽになっても心は感謝でいっぱいです。
　残念ながら財布を持って走る経験は誰にでもできることではありませんが“偉い人に自分を使ってもらう”心意気は、起業家にとって非常に重要です。チャンスがあればぜひ思い出してください。

■華僑の処世術…3

チャンスを逃さない「ゆるアポ」のすすめ

「大城さん、私のところに居てよくわかったと思うけど、偉い人に呼ばれてすぐ行かなかったらもうチャンスないですね。だからいつもスケジュールを空けておけと私教えました。今も続けてますか？」

呼ばれたらいつ何時でも駆けつけられるように、スケジュールを埋めるな。この教えのおかげで私はたくさんのチャンスをつかむことができました。

しかし社長が毎日24時間空けておくのは無理というもの。そこで私がやっているのが「ゆるアポ」です。

何時確定ではなく「一応何時ね、でも行けなくなるかもしれないからその時は変更よろしく」と事前に言っておくのです。

社内のミーティングや同業者との打ち合わせ、友だちと会うなどはすべて「ゆるアポ」ですし、顧客訪問さえ私は「だいたい何時」でアポを入れます。

そして、どうしても動かせない固いアポ「かたアポ」は、最小限にしてチャンスに備えています。

実は、「ゆるアポ」も華僑流。固い約束を破れば相手のメンツをつぶしてしまうので、約束を守れなくてもお互い様で、自由に行動できるようにしているのです。

■華僑の処世術…４

「戦わずして勝つ」ための処世術のヒント

「ひとつ面白い話。学校のクラスで学級委員を選ぶ時、自分がなりたいとしますね。日本人は選ばれるのを待つ、韓国人は力で制する、中国人は賄賂使う。まあ極端ですけど、国民性の違いですね。じゃあ華僑は？　華僑はどれでもない。自分より明らかに能力劣る人を推薦するんです。彼は優しいとか能力以外をいっぱい褒めて。それで結果的に自分が学級委員に選ばれるんです」

どういうことかと言うと、まず推薦した瞬間に、皆の意識が推薦した自分と推薦された彼に向きます。その他は視界から消えて、２人の比較になるのです。

推薦された彼が学級委員にふさわしいかといえばＮＯですし、彼も自分には無理だとわかっていますから辞退します。

「いやいや、僕なんかより君のほうが向いてるでしょう」となり、周りも「そうだそうだ、君のほうが向いている、君がやれ」と言い、流れで自分に決まるというわけです。

ポイントは最初に彼の良いところを真剣に褒めることです。彼のメンツが立つので恨まれることはありませんし、周囲にも下心を感じさせません。

人と争うことなく自分の望む方向に持っていく、華僑の処世術を象徴する逸話です。

― The boss's wise remark ―

日本人の自分＝自分ひとり
華僑の自分＝自分を含む九族

日本人と華僑あるいは中国人のスケールの違い、
ひとつは「自分」の意味の違いがあると思います。
日本人は個人、自分ひとりですけど
華僑や中国人は自分のバックにいる「九族」も
含んでの自分なんです。
九族というのは九親等です。
中国では昔から罪は九族に及ぶという考えがありましてね、
権力闘争に負けたら、本人やその家族だけじゃなしに
九族まで連帯責任で殺されるという時代もありました。
ひとりでも残せば復讐される恐れがあるから。
そんな血縁の連帯感が今の中国にも残っているし、
華僑は親族の期待を背負ってるから、さらに意識が強い。
自然、スケールも勇気も大きくなるんですよ。

■華僑の処世術…5

上を下げずに下を上げる

前項の学級委員選びの話から学ぶべきは、自分の目的を達成するためには自分より強い者に挑んだり強い者の批判をするよりも、弱い者を立てるほうが賢いということです。

これはもちろんビジネスに活かせます。

たとえば３社競合になった時。一方の競合Ａ社は自社より上、大手で商品の質も高く価格も高い。もう一方の競合Ｂ社は自社より下、小規模で商品の質も低く価格も安いとします。

日本人はたいていＡ社しか見ません。Ａ社に勝とうとしてＡ社と自社の比較をしますが、その中にＡ社はこういうカラクリで儲けているだの、Ａ社の製品はここが使いにくいだのと悪口が入ってきます。上を下げることで自社をよく見せようとするのですね。

華僑流の私はＡ社は放置で、Ｂ社を褒めます。

「お値段で選ばれるならＢ社さんがいいんじゃないですか。営業マンの対応も丁寧ですし、顧客サービスにも力を入れているみたいですよ」など、褒められるところは褒めるという感じです。

するとお客さんは、「うーんＢ社は安いといってもモノがもうひとつだしデザインもいまいち……、Ｂ社を選ぶんなら君のところのほうがいいわ」と勝手に選んでくれるのです。

そうやってあちこちでＢ社を褒めていると、自然にＢ社の耳に入り、そのうちＢ社はライバルではなく仲間になります。
「じゃあウチと一緒にやる？」という展開も、あり得るのです。

なぜＡ社は放置なのかといえば、Ａ社の商品を買えるお客さんは、結局、Ａ社を選ぶからです。最初に少し話せばだいたいわかりますので、それ以上追いかけるのは時間の無駄ですし、ましてやわざわざ悪口を言う意味もありません。
私はボスのもとで華僑思考を身につけるうちに、日本人は政治が悪い、親が悪い、上司が悪いなど、上を批判することが多いなと気づきました。
一方、中国ではそれはありません。上が悪いと言ったところで損するだけだからです。自分のことは自分で守らなければならない、かといってひとりでは弱いので、彼らはいかに仲間を増やすかを常に考えています。
とくに華僑はどこへ行っても外国人ですから、上を批判したり圧力をかけてコントロールしようとすればトラブルは必至です。そんな中で、敵を作らず、ライバルさえも仲間に引き入れるという知恵が生まれたのですね。

■合わない人とのつき合い方…１

大人の出世・小人の出世

「大人（だいじん）と小人（しょうじん）。『大人』は人格者、大物です。『小人』は凡人、しょうもない人です。しょうもない人は相手にしないのが一番ですけど、敵に回したら邪魔になります。だから彼らが欲しいものはあげたらいいんです。少々の富、少々の地位、どうぞどうぞと。自分はもっと大きい富、大きい地位狙ってるんだから」

この言葉は起業志望のサラリーマンの方に響くのではないでしょうか。私もサラリーマン時代、しょうもない人は相手にしないようにしていました。「俺は社長になるんだからお前とは違う」と。しかしこちらが無視してもあちらから挑まれると面倒です。

そんな時は争わず譲ればいいんだよ、というのがボスの教えです。小さい目標の人が欲しがるのは、目の前のお金、目の前の地位です。

小銭はぜんぶどうぞどうぞとあげて、自分の財布にはお札しか入れない。小銭を詰め込むとお札を入れる余地がなくなりますので、財布がスカスカでも空けておくほうがよいのです。

私は小銭入れのついていない札入れを使っていますが、日々のイメージトレーニングに役立っているかもしれません。

■合わない人とのつき合い方…2

批判するより利用する

「嫌いな人も自分にはない良いところを持ってるはずなんです。悪いところを批判するよりは、良いところを盗むのが得じゃないですか。盗まないともったいない」

嫌いな人ほど、その人の良いところだけを抽出して自分に取り込む、利用するということですね。

良いところを探して好きになろうとしたり、悪いところを反面教師にしようとするのではなく、何でも利用価値があると割り切るのが、いかにも華僑です。割り切れば悪口を言うのも馬鹿らしくなります。

嫌いな人の悪口を言うと、嫌いな人を引き寄せてしまいます。悪口を言う＝自分から相手にメッセージを送っていることになる、と考えたことはありますか？　メッセージを送れば、当然、受け取った相手は反応します。

必要以上に関わりたくないのに自分から関わりを作るのは馬鹿らしいですね。

華僑流で合理的に割り切って、嫌いな人も自分のために活かそうと考えれば、楽しみながら人生のトレーニングができます。

■合わない人とのつき合い方…３

大きな容れ物になる「寛容」こそが大事

「華僑の対人術でひとつ大事なことは寛容。人を許す、受け入れることです。人が間違ったりできなかったり、それがある意味では良いじゃないですか。人ができないから自分の出番あるわけよ。できない人をフォローしたら、その人は自然と自分の下についてくるんです」

寛容、つまり「寛（ひろ）い容（い）れ物」ですね。人を受け入れる寛容の心を持てば、たくさんの人が集まってくるのです。

実際、ボスの事務所は毎日来客が絶えず、入れ替わり立ち替わり常に誰かがなんらかの相談をしています。

こんなにどんどん人を受け入れてなんになるのか？　以前は疑問に思っていましたが、要するにどんな人でも大なり小なりお金を持っているのです。

中には問題のある人も混じってくるでしょうが、大勢の中の１人、２人は気になりません。

嫌いな人も能力の低い人も排除せず、数で薄めて受け入れるのです。

私も寛容の教えを学んで、１対１でなければ避ける必要はないじゃないかと、気軽に受け入れるようになりました。

理解されないのはステップアップした証

「自分で経験してわかったことを人に伝えるのはなかなか難しい。なぜかと言えば、相手は経験してないんだから。もし自分の言うことを相手がすぐに理解したら自分のレベルがまだまだ低いと思わないといけません。そういう意味では、理解されないことが多いほどステップアップできたなあ、と喜ぶべきですね」

確かに、従業員が私の言うことを全部理解したら私は焦るでしょう。

ボスも私が理解しない前提で教えてくれていたのだと思います。ノートを読み返してみれば、当時はわかった気になっていただけで、最近ようやく肚(はら)に落ちたことがたくさんあって、冷や汗ものでした。

ボスがすごいのは、私がわかっていないと知っていつつ、わからせようとはしなかったことです。

私はつい、そんなこともわからないなんて、わからない理由がわからない、とイライラしたり、話が噛み合わない相手を説き伏せようとしたりしていました。

それをやめることができたのも、自分の理解が及ばない出来事を成長のチャンスだと喜べるのも、ボスの教えのおかげです。

おわりに

皆さん、「知難行易」という言葉をご存知でしょうか。この言葉は、ボスから皆さんへのプレゼントです。

日本で一般的に言われるのは「言うは易(やす)し、行うは難(かた)し」ですが、ボスがいつも言うのは「知ることが難しく行うことは簡単」という意味の「知難行易」です。

知ることが難しいと言っても、ただ知識を増やせばよいというわけではありません。

正しい知識があれば行動しないことはあり得ない、つまりこうすれば成功するとわかっていれば、誰でも行動するはず。しかし知っただけではだめで、行動を伴わなければ本当の知にはならない。ちょっと複雑ですが、真理ですね。

知識があっても行動しない人のことを"ノウハウコレクター"などと言いますが、日本ではノウハウコレクターが多いために「言うは易し、行うは難し」が当然のようになっているのではないかと思います。

ボスのもとでの修行はまさに「知難行易」でした。ボスから振られる仕事や自分で見つけてきたビジネスをしながら、ボスが発する言葉を聞き、ボスの行動を観察して、その意味をよく考えて実践に落とし込んでいく、その繰り返しです。

「知っている」では意味がありません。重要なのは「知って」「やっている」かどうかです。

本書ではボスの教えを実践に落とし込みやすいように、なるべくノウハウやテクニックとして、または事例で紹介するように心がけました。ぜひ「やって」いただきたいと思います。さらに本書から、華僑の教えの本質、つまり時代が変わっても変わることのない世の中の原理原則を読み取っていただければ幸いです。

やってみてできるかどうかは、本質を知っているかどうかです。それも経験してみなければわからないのですが、わからなくても焦ることはありません。実践する中で、5年後、10年後にわかることがある。それも楽しみです。ですので、この本を捨てたり売ったりせずに（笑）、ぜひ手元に置いて時々読み返してください。

最後になりましたが、この本を手にとってくださったことに感謝するとともに、皆さんのビジネス人生の成功を心よりお祈り申し上げます。

2015年4月

大城　太

【読者へのプレゼント】

本書の読者の皆さまへ、著者自身が本書の内容をさらに掘り下げて解説する動画・音声をプレゼントいたします。
下記のWebサイトにアクセスして、お申込みをお願いいたします。

◎愛読者プレゼントサイト

http://ohshirogift.com/pre

〈お問い合せ先〉
株式会社 前仲原物産
email：kakyo@mediaport.biz
tel ：06-6459-9298
fax：06-7878-8015

〒532-0011
大阪市淀川区西中島5-7-19 第7新大阪ビル8階

※本ダウンロードサービスは、予告なく終了する場合がございますので、ご了承ください。
※URL入力の際は、半角・全角等をご確認いただき、お間違えないようにご注意ください。

大城　太（おおしろ　だい）
学生時代から「社長になってベンツに乗る」という目標を掲げ、外資系保険会社、歯科用医療機器メーカーにて営業スキルを磨いた後、独立・起業。起業するにあたり、華僑社会では知らない者はいないと言われる大物華僑に師事。不良債権の回収やリヤカーでの物売り等の過酷な修行を積みながら、日本人で唯一の弟子として「門外不出」の成功術を直伝される。独立後、医療機器販売会社を設立し、社長１人、アルバイト1人で初年度より年商１億円を稼ぎ出す。その後、中国人パートナーを得て医療機器メーカーを設立。現在は華僑の教えを学び実践する「知行道場」の師範代として、「知行道」の普及にも務める。また、ベンチャー投資も活発に行っている。著書に『一生お金に困らない「華僑」の思考法則』（日本実業出版社）がある。
株式会社 前仲原物産代表、株式会社 SDメディカル代表、宋太医療機器有限公司董事長、SD international co., ltd代表、コンシェルジュサービス株式会社 代表、一般社団法人 20代30代応援プロジェクト協議会代表、「チーム大城」副代表。

失敗（しっぱい）のしようがない 華僑（かきょう）の起業（きぎょう）ノート

2015年５月１日　初版発行
2015年６月10日　第３刷発行

著　者　大城　太
発行者　吉田啓二

発行所　株式会社日本実業出版社　東京都文京区本郷３－２－12 〒113-0033
大阪市北区西天満６－８－１ 〒530-0047
編集部 ☎03-3814-5651
営業部 ☎03-3814-5161　振　替　00170－1－25349
http://www.njg.co.jp/

印　刷／堀内印刷　製　本／若林製本

この本の内容についてのお問合せは、書面かFAX（03－3818－2723）にてお願い致します。
落丁・乱丁本は、送料小社負担にて、お取り替え致します。

ISBN 978-4-534-05280-3　Printed in JAPAN